U0111722

大展好書　好書大展
品嘗好書　冠群可期

少林功夫⑳

少林羅漢拳絕技
拳功卷

高翔　編著

大展出版社有限公司

前　言

　　羅漢拳開門何時，創自何人，已無從查考，但其一直被視爲少林寺的鎭寺之寶，在少林功夫中的地位極高，在武林中的名聲極大。

　　此拳影響最大的名家是「金羅漢」妙興和「江南第一腳」劉百川。妙興是河南嵩山少林寺的方丈，威震一方，其遺墨「羅漢拳秘訣」眞跡猶藏少林。劉百川是安徽武術家，勇冠武林，曾以「羅漢子母鴛鴦連環腿」擊敗英國大力士，孫中山先生爲之親書「尚武精神」，嘉惠其英雄壯舉。

　　本書內容，由河南羅漢拳大師康復振老先生傳授，功技精妙、風格獨特，體系完整，自成一家。若推本溯源，祖歸嵩山少林，宗承妙興外傳，是羅漢拳的民間秘支。

　　康復振老先生，河南人，雖出身學界，而由文躋武，文武雙全，專攻羅漢拳，經年浸淫，功力深厚。康師不但無私獻寶，而且不顧高齡親自審閱文稿，並做了不少有益的增删，令我非常感動。在此我代表羅漢拳挖整組向康師致以崇高的敬意！

羅漢拳挖整組組長兼主筆　高　翔

羅漢拳挖整小組名單

組長兼主筆：高　翔

顧　　　問：高德福　康復振

組　　　員：（排名次序不分先後）

高　峰	高　飛	徐　濤
景樂強	謝靜超	余　鶴
丁文力	黃無限	馬　飛
王長虹	李貢群	楊紅旗
趙愛民	胡繼軍	殷國傑

攝　　　影：范建新

目　錄

第 **1** 章

概　論

第一節　少林真傳羅漢拳

羅漢拳開門何時，創自何人，已無從查考，但其一直被視為少林寺的鎮寺之寶，在少林功夫中地位極高，在武林中的名聲極大。

本書羅漢拳，由河南羅漢拳大師康復振老先生傳授，功技精妙、風格獨特，體系完整，自成一家。若推本溯源，祖歸嵩山少林寺，宗承「金羅漢」妙興大師外傳，是羅漢拳的民間秘支。

羅漢拳以功夫為根，主要分羅漢蹲山功和羅漢排山功兩大功種，一靜一動，相得益彰。另外，再加舒筋活血功的輔助。

羅漢門的拳法共有四路：小羅漢拳、大羅漢拳、鐵羅漢拳、柔羅漢拳。層次分明，各有偏重。

羅漢拳的技擊法，定招留譜的有八類母手，每類八勢，即長八手、短八手、明八腿、暗八腿、脆八打、綿八打、剛八打、巧八打，此門慣稱「羅漢神打」。

羅漢拳的器械不多，僅有羅漢伏魔棍和羅漢單戒刀兩種。

第二節　羅漢拳名家簡介

一、「金羅漢」妙興

妙興大師，河南省臨汝縣謝灣村人，出家後法名妙興，字豪文，因其擅長少林羅漢拳，人送綽號「金羅漢」。

妙興因為家庭貧困，八歲時被父母送到少林寺，落髮出家，做了一名小沙彌，成為恒林和尚的剃度徒。

恒林和尚，俗家姓宋，出家後法名恒林，號雲松，河南省伊川縣人。恒林是少林功夫的一代高人，其身材瘦小，卻能發出駭人巨力。1918年，大成拳（意拳）宗師王薌齋專程來到少林寺與其切磋數月，足見其武功非凡。

恒林一見妙興器宇軒昂，驚為奇才，認為其資質不可多得，於是極為看重，專授以少林寺正宗嫡傳羅漢拳。羅漢拳是少林寺的鎮寺之寶，向來只傳方丈一人，妙興人既聰明又專心學習，十餘年苦練，青出於藍而勝於藍。

妙興藝成之後，從此凡有俗家人拜山較技者，恒林自己不再出手，必令妙興與之較量，妙興每戰皆勝，僧眾無不佩服。後來恒林把妙興提拔為監寺，教授眾僧武功。恒林圓寂，臨終遺囑妙興繼任，更得僧眾擁護，起任掌門方丈，兼少林宗派嫡系之師。其門弟子極多，僧眾達到5000

多人，俗家 200 多人，盛極一時。

妙興大師寬宏大度，提倡打破歷代宗派藝不外傳之規，發揚武術、強國強種、利國利民。故少林秘技至妙興任方丈後，傳於俗家者逐漸增多，康復振老先生的師父即在當時學得羅漢拳。所以，作為少林功夫真傳的羅漢拳能夠廣播益眾，妙興大師位列首功。

妙興大師於 1934 年圓寂，著名武術家金警鐘專作挽聯紀念：「瞻被昂昂金羅漢，拳棍槍刀，交發並至，跳龍臥虎，尚武精神，豪氣鵬鵬貫斗牛；我堂堂勇禪師，志烈秋霜，發揚國粹，救我民族，大義凜凜滿乾坤。」

妙興大師曾手書羅漢拳秘訣：「頭如波浪，手似流星，身如楊柳，腳似醉漢。出於心靈，發於性能。似剛非剛，似實而虛。久練自化，熟極自神。」遺墨猶在，真跡現珍藏於嵩山少林寺中。

二、「江南第一腳」劉百川

劉百川，安徽六安縣十里溝村人，生於 1870 年。自幼習武，個性剛勇，得少林高僧楊澄雲秘傳，以「羅漢子母鴛鴦連環腿」擊敗過英國大力士。孫中山先生當時在場，親書「尚武精神」橫匾一額，嘉惠他為中華民族爭氣的英雄壯舉。

劉百川性格剽悍，魁梧雄健。他的武術源流，屬於北少林羅漢門。楊澄雲秘傳劉百川羅漢功夫及羅漢神打，劉百川得其精髓，身手非凡，尤其擅長羅漢腿法，出腳時快如颺風，猛如電擊，能輕易折斷碗口粗的樹幹，與人交手，往往能在須臾間踢倒對方，故有「江南第一腳」之

稱。

劉百川不但武功超卓，而且重義氣，講武德，為時人所推崇。楊澄雲正是看重劉百川的正直任俠，才把一身武藝傳授給他，還贈給他一把羅漢單戒刀，囑咐他遵守少林戒律，做個正派的人，而劉百川始終沒有違背師訓。20世紀30年代，劉百川任湖南國術訓練所高級顧問，對傳播羅漢拳貢獻極大。劉百川逝世於1964年，享年94歲。

第三節 羅漢神打招譜

康師所傳的羅漢拳技擊法，習慣稱為「羅漢神打」。定招留譜的有八類母手，每類八勢。

何謂神打？「取精用宏，神中之神」「久練自化，熟極自神」「變化多端，莫測其神」，故名神打。

一、長八手

1.當頭箭　2.當頭炮　3.灌耳錘　4.反面錘
5.撩陰錘　6.穿喉掌　7.封眼掌　8.斬首掌

二、短八手

1.天罡肘　2.陰門膝　3.鐵　球　4.板　肩
5.翹尾巴　6.鉤子手　7.提攔法　8.搬攔法

三、明八腿

1.跺山腿　2.蹬山腿　3.抽鞭腿　4.甩鞭腿

5. 掛叉腿　　6. 釘身腿　　7. 鏢　腿　　8. 淩空飛踩

四、暗八腿

1. 鏟子腿　　2. 尖子腿　　3. 裙裏腿　　4. 夯　腳
5. 鉤子腿　　6. 掃地腿　　7. 堵門腿　　8. 化攔腿

五、脆八打

1. 流星錘　　2. 醉步錘　　3. 鴛鴦尖　　4. 子母釘
5. 二起腳　　6. 頓錯錘　　7. 轉環錘　　8. 順手腳

六、綿八打

1. 提攔錘　　2. 搬攔錘　　3. 鉤手踢　　4. 封門打
5. 扒門打　　6. 伏虎手　　7. 拆骨轉　　8. 舉鼎摔

七、剛八打

1. 開路膝　　　2. 連珠炮　　　3. 左右開弓
4. 陰陽連環錘　5. 蹬踩剛猛法　6. 棍後鞭
7. 鴛鴦踩　　　8. 連環鞭

八、巧八打

1. 封眼打　　2. 誘　打　　3. 吞身錘　　4. 蹲身錘
5. 滾身錘　　6. 滾身腿　　7. 仰身腿　　8. 閃步錘

第四節　羅漢拳要訣

頭如波浪，手似流星，
身如楊柳，腳似醉漢。
出於心靈，發於性能。
似剛非剛，似實而虛。
久練自化，熟極自神。

一、「頭如波浪，手似流星，
　　　身如楊柳，腳似醉漢」

此訣是對羅漢拳動作通俗形象的描述，其中既表達了羅漢拳法的境界，也包含了羅漢拳的學練要領。

1. 頭為一身之主，統領全體，頭如波浪是指頭節要活，起伏靈動。

2. 手是攻防要節，手似流星是指出手要快，快則生勁，快則難防。

3. 身是人體軀幹，其中包括肩、胸、腰，是一個綜合的概念。簡單地說，身如楊柳是指身法要靈，柔韌順暢。

4. 腳似醉漢不是說如酒醉而腳下無根，而是形容步法動點的連環不斷以及腳法踢出的多變難測。

二、「出於心靈，發於性能」

此訣講的是羅漢拳武學心法。

1. 少林拳經上講：「心性者，君也；手足者，臣民

也。君有乾綱獨斷之明，而後臣民效指揮如意之勢。手足運用，莫不由心，得之於心，方應之於手。」心性並不是唯心主義的東西，以它指導習武實踐，能使思維器官的活動和肢體的活動有序配合，做到「心動形隨」「神形兼備」「內外合一」。

2.此訣又說明了練習羅漢拳要用心，講究悟性。外練內悟才是練就絕技的重要法門，所以，羅漢拳秘訣在於學者要舉一反三，融會貫通，自悟自明。

3.此訣還揭示了羅漢拳的實戰要則，要求在臨敵技擊時，必須審時度勢，靈活運用，「運用之妙，存乎一心」即類同此意。

羅漢拳又名「性功羅漢拳」，說明了羅漢拳對心性的重視。

三、「似剛非剛，似實而虛」

此訣主要講解羅漢拳剛柔虛實的變化哲理。

1.羅漢拳是實戰武術，用之技擊，若軟手軟腳，即使擊中而不能重創，如同給敵撓癢，此拳何用之有！所以要求勁猛有力，硬打快攻，講究高度殺傷，即其「剛」。而一味用剛，一味強攻，不講戰法，必引起功力過度消耗；或遇強敵，剛不如人，用剛打之無異於以卵擊石，用剛防之又無異於螳臂擋車，所以還要用柔，即「非剛」。非剛還包含造勢、乘機、借力、化勁等要素。

2.要想傷敵，必須打中要害，方能收到效用，否則無的放矢，縱有千鈞之力，此招何用之有！所以實戰中要講「實」，即「實打」和「打實」。而敵又不是任我宰割的羔

羊，其必動防、阻擋或閃避等，這時我又必須收招換勢，隨機應變，即「實」成「虛」。若「實」不成「虛」，必易為敵所乘。另外，我先用虛招，佯攻敵方，誘其上鉤，再突變實招傷之，也屬此範疇。

總之，以剛為主，剛柔相濟，虛虛實實，變化多端，才是真正的羅漢拳。

四、「久練自化，熟極自神」

1.指練成羅漢絕技全靠多練、苦練、久練，銳志持恒是功力上身的惟一途徑。

2.指羅漢拳久練後，熟能生巧，而入神化之境。

第 **2** 章

羅漢拳入門

第一節　手　型

羅漢拳沒有特殊的手型，都是少林派所慣用的磚棱拳、柳葉掌、五花爪、鉤子手。

一、磚棱拳

四指併齊捲握，捲貼手心，拇指緊扣食指與中指的中節指骨上，形同磚塊，拳面平正。（圖 2-1）

二、柳葉掌

五指併緊伸直，拇指彎曲，內扣於虎口處，掌形扁長，如同柳葉。（圖 2-2）

圖 2-1

圖 2-2

圖 2-3　　　　　　　　　圖 2-4

三、五花爪

五指內屈，指節分開，形如五花瓣。（圖 2-3）

四、鈎子手

五指指端撮攏捏合，腕節裏彎，俗稱「鈎子手」。
（圖 2-4）

第二節　步　法

妙興大師說：「羅漢法門以步為先。」步法的運用在
技擊實戰中佔有極其重要的地位，其好壞直接關係到用招
的成敗。從進攻講，再猛的力量，再妙的招勢，步身不
到，空放一炮，何用之有。從防守講，可以起到卸化、削
弱、浪費敵強大勁力並轉變戰勢的極大作用。

一、進步法

進步指前腿先動，帶動後腿，速度較快，步幅較小，
非常穩當。（圖 2-5、圖 2-6）

圖 2-5

圖 2-6

第 2 章 羅漢拳入門 ● 17

二、上步法

上步指後腿先動，越過前腿，帶動身體，向前進勢，步幅大，進距長。（圖 2-7、圖 2-8）

圖 2-7

圖 2-8

圖 2-9

圖 2-10

三、飛步法

飛步也叫跳步，指雙腿同時屈膝蓄力，然後向上、向前跳進，超越原位，落至前方。速度快，突然性強。（圖2-9、圖2-10）

四、醉步法

醉步指步法的連動，而不是單指一種步法。各種步法混合運用，忽前忽後，忽左忽右，有法無形，步似醉漢。

第三節　椿　型

椿型指發力時腿步的瞬間定形，在攻防中都要用到。

一、蹲山樁

蹲山樁是羅漢拳最常用的樁法，易進易退，易攻易防。分正勢和側勢兩種。

正勢，身形正向，兩腿適度彎曲，膝蓋同時向前，腿位高低相同。（圖 2-11）

側勢，身形側轉，兩腿適度彎曲，一腿在前，膝蓋向前，腳尖向前；另腿在後，膝蓋向側，腳尖向側。（圖 2-12）

二、弓形樁

一腿在前，適度屈膝，全腳掌著地，腳尖向前；另腿在後，膝節伸開，全腿蹬直。（圖 2-13）

圖 2-11

圖 2-12

圖 2-13

三、單跪樁

一腿在前，適度彎曲，全腳掌著地，腳尖向前；另腿在後，屈膝適度下跪，腳跟抬起，腳尖著地，重心下沉。（圖 2-14）

四、前歇樁

一腿在前，適度彎曲，腳尖點地，腳跟抬起；另腿在後，適度彎曲，全腳掌著地。（圖 2-15）

五、獨立樁

一腿屈膝提起；另腿伸直，單樁獨立。（圖 2-16）

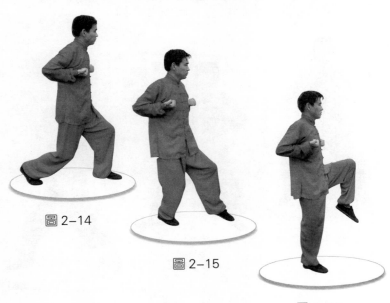

圖 2-14

圖 2-15

圖 2-16

第四節　開門法

　　敵我對峙，各立開門勢，是指有準備的技擊格局。俗話講「有備無患」，所以先立門戶，極利攻防，攻則全身發力均整，防則免遭突襲，令敵無處下手。

　　羅漢拳常用的開門法，主要有三勢。皆以左勢開門為例說明。

一、羅漢合十勢

　　身體正向，兩腿開立；雙手合掌，掌心向裏正對，掌指向上，掌棱向前；眼向前看。（圖 2-17）

　　此勢既是少林釋家的一種禮勢，也是一種開門法，多用在拳路中。若臨敵時，因正對敵方，要注意防敵突襲，並見機急進，不得拖延。

圖 2-17

二、羅漢問路勢

　　身體右轉，呈 45°傾斜；雙手提起，左掌在前，成柳葉掌，中線置放，左臂適度彎曲，沉肩墜肘，掌位高不過鼻，低不過心，腕節立起，拳指向上，拳棱向前，掌心向右；右手磚棱拳，拳眼向右，拳心向上，拳面向前，置放右胸側前；雙腿左前右後，成左勢前歇樁，左腳腳尖點地，腳跟抬起；右腳全腳掌著地，腳尖斜指向右，膝節適

圖 2-18　　　　　　　　　圖 2-19

屈，重心前三後七；眼向前看。（圖 2-18）

三、羅漢伏魔勢

　　身形向右側立，45°傾斜；兩手伸出，左前右後，左長右短。手形為拳，腕骨微挺，拳心向下，拳眼向裏，拳面向上。沉肩翹肘，臂節適屈，前後適距，雙拳一線，正對前方，高不過鼻，低不過心；左腿在前，右腿在後，膝節適屈，前後適距，成左勢蹲山樁，雙腳全腳掌著地，左腳尖向前，右腳尖向右；重心在中，眼看前方。（圖 2-19）

　　開門勢的實戰原理，不但用於臨敵的開始，而且貫穿整個技擊的始終，其極強的攻防效用，萬萬忽視不得。保持好門勢，其有對要害的自護作用，即使挨上幾下，無傷大礙，再配合上靈活的步法，就算不能勝敵，也不至於立即落敗。有些練武者，一旦臨敵，常常一觸即潰，其沒有利用好門勢，也是一大原因。

第**3**章

羅漢拳法

羅漢門的拳法共有四路：小羅漢拳、大羅漢拳、柔羅漢拳、鐵羅漢拳。層次分明，各有偏重。

羅漢拳的各套每段動作既可單練，也可連接。上一段的結束動作即是下一段的開始動作。

第一節　小羅漢拳

小羅漢拳，架勢緊湊，主要練習橫勁和短打。

第一段

1.羅漢合十勢（正立樁雙合掌）

身正直立，雙腿併齊，腳尖外分；雙手合十，掌指向上，指尖位高同鼻。準備開拳。（圖3-1-1）

注：每招括弧裏的內容是筆者另

圖 3-1-1

附的，主要對姿勢的重點加以提示，這樣更易於學者習練。

2.羅漢蹲山勢（正蹲樁雙抱拳）

右腳向右挪開，成正蹲樁；雙掌變拳，下落兩胸，左右相抱，拳心皆向上，拳面皆向前。（圖 3-1-2）

注：樁勢的變化包含腳步的動作，但幅度較小，有時候腳步不動，僅僅移動重心即可。這和步法不同，對此筆者不再一一細述。學者可參閱「樁型」的有關章節，自可明白。

3.羅漢雙炮勢（正蹲樁雙正沖拳）

樁型不變；雙拳同時向正前方沖出，臂高同肩，拳心皆向下，拳面皆向前。（圖 3-1-3）

【技擊含義】雙拳同時沖擊敵方胸部。

4.雙外提攔勢（正蹲樁雙外分臂）

樁型不變；雙臂同時向左右分開，肘節彎曲，前臂豎

圖 3-1-2　　　　　　　　　　圖 3-1-3

直，拳面向上，位高同頭。（圖3-1-4）

【技擊含義】左右前臂同時向外攔擋敵方來招。

5.羅漢雙炮勢（正蹲樁雙下沖拳）

椿型不變；雙拳同時向前下方沖出，位高同腹，拳心皆向裏，拳面皆向下。（圖3-1-5）

【技擊含義】雙拳同時沖擊敵方腹部。

6.羅漢提攔勢（正蹲樁右外攔）

椿型不變；右前臂向外提擺，肘節彎曲，前臂豎直，右拳在上，位高同頭；左拳收至左胸。（圖3-1-6）

注：收胸的拳型有三種：仰拳，拳心在上；立拳，拳心在裏；俯拳，拳心向下。

圖3-1-4

圖3-1-5

圖3-1-6

【技擊含義】右前臂向外攔擋敵方來招。

7.羅漢提攔勢（正蹲椿左外攔）

椿型不變；左前臂向外提擺，肘節彎曲，前臂豎直，左拳在上，位高同頭；右拳收至右胸。（圖3-1-7）
【技擊含義】左前臂向外攔擋敵方來招。

8.羅漢搬攔勢（正蹲椿右裏攔）

椿型不變；右前臂向裏提擺，肘節彎曲，前臂豎直，右拳在上，位高同頭；左拳收至左胸。（圖3-1-8）
【技擊含義】右前臂向裏攔擋敵方來招。

9.羅漢搬攔勢（正蹲椿左裏攔）

椿型不變；左前臂向裏提擺，肘節彎曲，前臂豎直，左拳在上，位高同頭；右拳收至右胸。（圖3-1-9）
【技擊含義】左前臂向裏攔擋敵方來招。

圖 3-1-7　　　　　　　　圖 3-1-8

10.羅漢搬攔勢（正蹲椿右下攔）

椿型不變；右前臂向下落擺，肘節伸直，右拳在下，位高同腹；左拳收至左胸。（圖3-1-10）

【技擊含義】右前臂向下攔擋敵方來招。

11.羅漢搬攔勢（正蹲椿左下攔）

椿型不變；左前臂向下落擺，肘節伸直，左拳在下，位高同腹；右拳收至右胸。（圖3-1-11）

【技擊含義】左前臂向下攔擋敵方來招。

圖 3-1-9

圖 3-1-10

圖 3-1-11

12.羅漢搬攔勢（正蹲樁右裏攔）

椿型不變；右前臂向裏提擺，肘節彎曲，前臂豎直，右拳在上，位高同頭；左拳收至左胸。（圖3-1-12）

【技擊含義】右前臂向裏攔擋敵方來招。

13.羅漢搬攔勢（正蹲樁左裏攔）

椿型不變；左前臂向裏提擺，肘節彎曲，前臂豎直，左拳在上，位高同頭；右拳收至右胸。（圖3-1-13）

【技擊含義】左前臂向裏攔擋敵方來招。

14.羅漢搬攔勢（正蹲樁左下攔）

椿型不變；左前臂向下落擺，肘節伸直，左拳在下，位高同腹；右拳不動。（圖3-1-14）

【技擊含義】左前臂向下攔擋敵方來招。

圖3-1-12

圖3-1-13

15.羅漢提攔勢（正蹲樁左上攔）

椿型不變；左前臂向上提擺，肘節彎曲，前臂橫平，左拳在裏，位高過頭；右拳不動。（圖 3-1-15）

【技擊含義】左前臂向上攔擋敵方來招。

16.羅漢提攔勢（正蹲樁右上攔）

椿型不變；右前臂向上提擺，肘節彎曲，前臂橫平，右拳在裏，位高過頭；左拳收至左胸。（圖 3-1-16）

【技擊含義】右前臂向上攔擋敵方來招。

圖 3-1-14

圖 3-1-15

圖 3-1-16

17.羅漢搬攔勢（正蹲樁右下攔）

椿型不變；右前臂向下落擺，肘節伸直，右拳在下，位高同腹；左拳不動。（圖 3-1-17）

【技擊含義】右前臂向下攔擋敵方來招。

18.羅漢提攔勢（正蹲樁右外攔）

椿型不變；右前臂向外提擺，肘節彎曲，前臂豎直，右拳在上，位高同頭；左拳不動。（圖 3-1-18）

【技擊含義】右前臂向外攔擋敵方來招。

19.雙外提攔勢（正蹲樁雙外分臂）

椿型不變；左前臂向外提擺，肘節彎曲，前臂豎直，

圖 3-1-17

圖 3-1-18

圖 3-1-19

左拳在上，位高同頭；右手不動。（圖3-1-19）

【技擊含義】雙臂順勢配合向外攔擋。

20.羅漢雙炮勢（正蹲樁雙下沖拳）

樁型不變；雙拳同時向前下方沖出，位高同腹，拳心皆向裏，拳面皆向下。（圖3-1-20）

【技擊含義】雙拳同時沖擊敵方腹部。

第二段

1.羅漢問路勢（左轉身左歇樁）

向左轉身，兩腿變成左歇樁；左拳上提，位高同胸，拳面向上，拳眼向裏，左肘適屈；右拳提至右胸，拳心向上，拳面向前。（圖3-1-21）

【技擊含義】審時度勢，準備出擊。

圖3-1-20

圖3-1-21

2.羅漢提攔勢（左歇椿左上攔）

椿型不變；左前臂向上提擺，肘節彎曲，前臂橫平，左拳在裏，位高過頭；右拳不動。（圖3-1-22）

注：上攔時的拳型是拳眼向下，拳心向前，腕節裏擰。以下皆同。

【技擊含義】左前臂向上攔擋敵方來招。

3.羅漢搬攔勢（左歇椿左裏攔）

椿型不變；左前臂向裏落擺，肘節彎曲，前臂豎直，左拳在上，位高同頭；右拳不動。（圖3-1-23）

注：裏攔時的拳型是拳面向上，拳心向裏，腕節挺直。以下皆同。

【技擊含義】左前臂向裏攔擋敵方來招。

圖 3-1-22

圖 3-1-23

圖 3-1-24

4.羅漢搬攔勢（左歇樁左下攔）

椿型不變；左前臂向下落擺，肘節伸直，左拳在下，位高同腹；右拳不動。（圖3-1-24）

注：下攔時的拳型是拳背與前臂平直，但腕節裏勾；拳面向下，拳心向後，但拳型有所傾斜。以下皆同。

【技擊含義】左前臂向下攔擋敵方來招。

5.羅漢提攔勢（左退步右歇樁右上攔）

左腳後退一步，兩腿變成右歇椿；右前臂向上提擺，肘節彎曲，前臂橫平，右拳在裏，位高過頭；左拳提至左胸。（圖3-1-25）

【技擊含義】右前臂向上攔擋敵方來招。

6.羅漢提攔勢（右歇椿右裏攔）

椿型不變；右前臂向裏落擺，肘節彎曲，前臂豎直，右拳在上，位高同頭；左拳不動。（圖3-1-26）

圖3-1-25　　　　　　　圖3-1-26

【技擊含義】右前臂向裏攔擋敵方來招。

7.羅漢提攔勢（右歇樁右下攔）

椿型不變；右前臂向下落擺，肘節伸直，右拳在下，位高同腹；左拳不動。（圖3-1-27）

【技擊含義】右前臂向下攔擋敵方來招。

8.羅漢提攔勢（右退步左歇樁左裏攔）

右腳後退一步，兩腿變成左歇椿；左前臂向裏提擺，肘節彎曲，前臂豎直，左拳在上，位高同頭；右拳提至右胸。（圖3-1-28）

【技擊含義】左前臂向裏攔擋敵方來招。

9.羅漢提攔勢（左歇樁左上攔）

椿型不變；左前臂再向上提擺，肘節彎曲，前臂橫平，左拳在裏，位高過頭；右拳不動。（圖3-1-29）

圖3-1-27　　　　　　　　圖3-1-28

【技擊含義】左前臂向上攔擋敵方來招。

10. 羅漢提攔勢（左歇樁左下攔）

椿型不變；左前臂向下落擺，肘節伸直，左拳在下，位高同腹；右拳不動。（圖3-1-30）

【技擊含義】左前臂向下攔擋敵方來招。

11. 羅漢提攔勢（左退步右歇樁右裏攔）

左腳後退一步，兩腿變成右歇樁；右前臂向裏提擺，肘節彎曲，前臂豎直，右拳在上，位高同頭；左拳提至左胸。（圖3-1-31）

【技擊含義】右前臂向裏攔擋敵方來招。

圖3-1-29

圖3-1-30

圖3-1-31

12.羅漢提攔勢（右歇樁右上攔）

椿型不變；右前臂再向上提擺，肘節彎曲，前臂橫平，右拳在裏，位高過頭；左拳不動。（圖3-1-32）

【技擊含義】右前臂向上攔擋敵方來招。

13.羅漢提攔勢（右歇樁右下攔）

椿型不變；右前臂向下落擺，肘節伸直，右拳在下，位高同腹；左拳不動。（圖3-1-33）

【技擊含義】右前臂向下攔擋敵方來招。

14.羅漢提攔勢（右退步左歇樁左下攔）

右腳後退一步，兩腿變成左歇樁；左前臂向下落擺，肘節伸直，左拳在下，位高同腹；右拳提至右胸。（圖3-1-34）

【技擊含義】左前臂向下攔擋敵方來招。

圖 3-1-32

圖 3-1-33

15. 羅漢提攔勢（左歇樁左上攔）

椿型不變；左前臂向上提擺，肘節彎曲，前臂橫平，左拳在裏，位高過頭；右拳不動。（圖3-1-35）

【技擊含義】左前臂向上攔擋敵方來招。

16. 羅漢提攔勢（左歇樁左裏攔）

椿型不變；左前臂向裏落擺，肘節彎曲，前臂豎直，左拳在上，位高同頭；右拳不動。（圖3-1-36）

【技擊含義】左前臂向裏攔擋敵方來招。

圖3-1-34

圖3-1-35

圖3-1-36

17.羅漢提攔勢（左退步右歇樁右下攔）

左腳後退一步，兩腿變成右歇樁；右前臂向下落擺，肘節伸直，右拳在下，位高同腹；左拳落至左胸。（圖3-1-37）

【技擊含義】右前臂向下攔擋敵方來招。

18.羅漢提攔勢（右退步左歇樁左下攔）

右腳後退一步，兩腿變成左歇樁；左前臂向下落擺，肘節伸直，左拳在下，位高同腹；右拳提至右胸。（圖3-1-38）

【技擊含義】左前臂向下攔擋敵方來招。

圖3-1-37

圖3-1-38

圖3-1-39

19. 立正抱拳勢（正立椿雙抱拳）

左腳後收與右腳併齊，兩腿伸直變成正立椿，頭部方向不變；左拳提至左胸；右拳不動。（圖3-1-39）

20. 羅漢雙炮勢（正蹲椿前雙沖）

右腳向右挪開，兩腿變成正蹲椿，頭部轉正；雙拳同時向正前沖出，臂高皆同肩，拳心皆向下，拳面皆向前。（圖3-1-40）

【技擊含義】雙擊對方肩、胸。

第三段

1. 羅漢蹲山勢（正蹲椿雙抱拳）

椿型不變；雙拳同時向裏收撤，回至兩胸，左右相抱，拳心皆向上，拳面皆向前。（圖3-1-41）

圖3-1-40

圖3-1-41

2.羅漢雙炮勢（正蹲樁雙沖拳）

椿型不變；雙拳同時向正前方沖出，拳面皆向前，拳心皆向下，臂高同肩。（圖3-1-42）

【技擊含義】雙擊敵方肩胸。

3.羅漢蹲山勢（正蹲椿雙抱拳）

椿型不變；雙拳同時向後收撤，回至兩胸，左右相抱，拳心皆向上，拳面皆向前。（圖3-1-43）

4.羅漢開炮勢（正蹲椿右沖拳）

椿型不變；右拳向正前方沖出，拳面向前，拳心向下，臂高同肩；左拳不動。（圖3-1-44）

【技擊含義】右拳向前沖擊敵方要害。

圖3-1-42

圖3-1-43

5.羅漢開炮勢（正蹲樁左沖拳）

椿型不變；左拳向正前方沖出，拳心向下，拳面向
前，臂高同肩；右拳收至右胸。（圖3-1-45）

【技擊含義】左拳向前沖擊敵方要害。

6.羅漢開炮勢（正蹲樁右沖拳）

椿型不變；右拳向正前方沖出，拳心向下，拳面向
前，臂高同肩；左拳收至左胸。（圖3-1-46）

【技擊含義】右拳向前沖擊敵方要害。

圖3-1-44

圖3-1-45

圖3-1-46

7.羅漢開炮勢（正蹲椿左沖拳）

椿型不變；左拳向正前方沖出，拳心向下，拳面向前，臂高同肩；右拳收至右胸。（圖3-1-47）

【技擊含義】左拳向前沖擊敵方要害。

8.羅漢問路勢（左轉身左歇椿）

向左轉身，兩腿變成左歇椿；左拳隨之左移，位高同胸，拳面向上，拳眼向裏，左肘適屈；右拳不動。（圖3-1-48）

【技擊含義】審時度勢，準備出擊。

9.羅漢提攔勢（左歇椿左外攔）

椿型不變；左前臂向外提擺，肘節彎曲，前臂豎直，左拳在上，位高同頭；右拳不動。（圖3-1-49）

【技擊含義】左前臂向外攔擋敵方來招。

圖 3-1-47

圖 3-1-48

10.羅漢提攔勢（退左步右歇樁右外攔）

左腳後退一步，兩腿變成右歇樁；右前臂向外提擺，肘節彎曲，前臂豎直，右拳在上，位高同頭；左拳落至左胸。（圖 3-1-50）

【技擊含義】右前臂向外攔擋敵方來招。

11.羅漢提攔勢（退右步左歇樁左外攔）

右腳後退一步，兩腿變成左歇樁；左前臂向外提擺，肘節彎曲，前臂豎直，左拳在上，位高同頭；右拳收至右胸。（圖 3-1-51）

【技擊含義】左前臂向外攔擋敵方來招。

圖 3-1-49

圖 3-1-50

圖 3-1-51

12.老僧弄拐勢（左蹲樁左拐肘）

右腳前趨，兩腿變成左蹲樁；左肘向裏拐出，前臂向裏全屈，上臂位高同肩；右拳不動。（圖 3-1-52）

【技擊含義】左肘向裏拐擊敵方頭部或身體。

13.直搗黃龍勢（左弓樁左搗肘）

兩腿變成左弓樁；左肘向前搗出，前臂向裏全屈，上臂位高同肩；右拳不動。（圖 3-1-53）

【技擊含義】左肘向前搗擊敵方心窩或臉門。

14.羅漢搬攔勢（左歇樁左下攔）

兩腿變成左歇樁；左前臂向下落擺，肘節伸直，左拳在下，位高同腹；右拳不動。（圖 3-1-54）

【技擊含義】左前臂向下攔擋敵方來招。

圖 3-1-52　　　　　　　圖 3-1-53

15. 羅漢搬攔勢（左退步右歇椿右下攔）

左腳後退一步，兩腿變成右歇椿；右前臂向下落擺，肘節伸直，右拳在下，位高同腹；左拳提至左胸。（圖3-1-55）

【技擊含義】右前臂向下攔擋敵方來招。

16. 羅漢搬攔勢（右退步左歇椿左下攔）

右腳後退一步，兩腿變成左歇椿；左前臂向下落擺，肘節伸直，左拳在下，位高同腹；右拳提至右胸。（圖3-1-56）

【技擊含義】左前臂向下攔擋敵方來招。

圖 3-1-54

圖 3-1-55

圖 3-1-56

17. 短杖撬山勢（左弓樁右挑肘）

兩腿變成左弓樁；右肘向上挑起，前臂向裏全屈，上臂位高同肩；左拳收至左胸。（圖 3-1-57）

【技擊含義】右肘向上挑擊敵方下巴。

18. 老僧弄拐勢（左蹲樁左拐肘）

兩腿變成左蹲樁；左肘向裏拐出，前臂向裏全屈，上臂位高同肩；右拳收至右胸。（圖 3-1-58）

【技擊含義】左肘向裏拐擊敵方頭部或身體。

19. 直搗黃龍勢（左弓樁左搗肘）

兩腿變成左弓樁；左肘向前搗出，前臂向裏全屈，上臂位高同肩；右拳不動。（圖 3-1-59）

【技擊含義】左肘向前搗擊敵方心窩或臉門。

圖 3-1-57

圖 3-1-58

圖 3-1-59

20.羅漢問路勢（後翻身右歇椿）

向後翻身，兩腿變成右歇椿；右拳上提，位高同胸，拳面向上，拳眼向裏，右肘適屈；左拳落至左胸。（圖3-1-60）

【技擊含義】審時度勢，隨機應變。

第四段

1.陰膝絕門勢（左頂膝）

左膝向上頂出，位高同腹，小腿全屈，腳尖下垂；雙拳協動，左落右提，肘節適屈。（圖3-1-61）

注：下盤動作時，人的上肢會有相應的動作配合，稱為「協動」。協動非常細膩，如：有時候臂直，有時候臂屈，拳位的變化以及頭、肩的轉動等等。鑒於篇幅，筆者不能細述，學者可參照插圖。

圖3-1-60

圖3-1-61

【技擊含義】頂擊敵方襠部、小腹、大腿等。

2.陰膝絕門勢（右頂膝）

右膝向上頂出，位高同腹，小腿全屈，腳尖下垂；雙拳協動。（圖3-1-62）

【技擊含義】頂擊敵方下部要害。

3.陰膝絕門勢（左頂膝）

左膝向上頂出，位高同腹，小腿全屈，腳尖下垂；雙拳協動。（圖3-1-63）

【技擊含義】頂擊敵方下部要害。

4.陰膝絕門勢（右頂膝）

右膝向上頂出，位高同腹，小腿全屈，腳尖下垂；雙拳協動。（圖3-1-64）

圖3-1-62

圖3-1-63

【技擊含義】頂擊敵方下部要害。

5.羅漢鏟草勢（右鏟子腿）

右腿向下鏟出，位高同脛，膝節伸開，腳腕裏勾，腳棱向前；雙拳協動。（圖3-1-65）

【技擊含義】鏟踢敵方小腿脛骨（俗稱「迎面骨」）。

6.裙裏出腿勢（左裙裏腿）

左腿向前撩出，位高同襠，膝節稍屈，腳腕裏勾，腳尖向上；雙拳協動。（圖3-1-66）

【技擊含義】撩踢敵方襠部。

圖3-1-64

圖3-1-65

圖3-1-66

7. 裙裏出腿勢（右裙裏腿）

右腿向前撩出，位高同襠，膝節稍屈，腳腕裏勾，腳尖向上；雙拳協動。（圖3-1-67）

【技擊含義】撩踢敵方襠部。

8. 裙裏出腿勢（左裙裏腿）

左腿向前撩出，位高同襠，膝節稍屈，腳腕裏勾，腳尖向上；雙拳協動。（圖3-1-68）

【技擊含義】撩踢敵方襠部。

9. 羅漢鏟草勢（左鏟子腿）

左腿向下鏟出，位高同脛，膝節伸開，腳腕裏勾，腳棱向前；雙拳協動。（圖3-1-69）

【技擊含義】鏟踢敵方小腿脛骨。

圖 3-1-67

圖 3-1-68

10.羅漢打夯勢（左夯腳）

左腿下落，腳跟跺地，腳尖向裏；雙拳協動。（圖 3-1-70）

【技擊含義】夯擊敵方腳面或腳趾。

11.鐵鉤子手勢（後翻身右歇椿右鉤子手）

向後翻身，右腿稍收，兩腿變成右歇椿；右拳變成鉤子手，向右後反腕勾出，鉤尖向上；左拳變成鉤子手，向頭上提起，鉤尖向下。（圖 3-1-71）

【技擊含義】勾掛敵方來腿。

圖 3-1-69

圖 3-1-70

圖 3-1-71

12.反面砸錘勢（右歇椿右上反面拳）

椿型不變；右鉤變拳，向前上方砸出，肘節適屈，拳心向裏，拳棱向前，位高同頭；左鉤變拳，下落至右胸外，拳心向下，拳棱向上。（圖3-1-72）

【技擊含義】砸擊敵方臉門。

13.陰膝絕門勢（左頂膝）

向右轉身，左膝向上頂出，位高同腹，小腿全屈，腳尖下垂；雙拳協動。（圖3-1-73）

【技擊含義】頂擊敵方下部要害。

14.陰膝絕門勢（右頂膝）

右膝向上頂出，位高同腹，小腿全屈，腳尖下垂；雙拳協動。（圖3-1-74）

圖3-1-72

圖3-1-73

【技擊含義】頂擊敵方下部要害。

15.陰膝絕門勢（左頂膝）

左膝向上頂出，位高同腹，小腿全屈，腳尖下垂；雙拳協動。（圖3-1-75）

【技擊含義】頂擊敵方下門要害。

16.羅漢打夯勢（左夯腳）

身向右轉，左腿下落，腳跟跺地，腳尖向裏；雙拳協動。（圖3-1-76）

【技擊含義】夯擊敵方腳面或腳趾。

圖3-1-74

圖3-1-75

圖3-1-76

17.直搗黃龍勢（左弓樁左搗肘）

兩腿變成左弓樁；左肘向前搗出，前臂向裏全屈，後臂位高同肩；右拳收至右胸。（圖3-1-77）

【技擊含義】搗擊敵方心窩或臉門。

18.老僧弄拐勢（左弓樁右拐肘）

樁型不變；右肘向前裏拐出，前臂向裏全屈，後臂位高同肩；左拳收至左胸。（圖3-1-78）

【技擊含義】拐擊敵方身體或頭部。

19.陰膝絕門勢（右頂膝）

右膝向上頂出，位高同腹，小腿全屈，腳尖下垂；雙拳協動。（圖3-1-79）

圖3-1-77　　圖3-1-78　　圖3-1-79

【技擊含義】頂擊敵方下門要害。

20.反面砸錘勢（左獨立樁右反面拳）

右膝不動，成左獨立樁；右拳向前上方砸出，肘節適屈，拳心向裏，拳棱向前，位高同頭；左拳協動，收至右胸前。（圖3-1-80）

【技擊含義】砸擊敵方臉門；或先下門封攔，再用拳砸擊。

第五段

1.陰膝絕門勢（左頂膝）

右腳落地，左膝隨即向上頂出，位高同腹，小腿全屈，腳尖下垂；雙拳協動。（圖3-1-81）

【技擊含義】頂擊敵方下門要害。

圖 3-1-80　　　　　圖 3-1-81

2.羅漢打夯勢（左夯腳）

身向右轉，左腿下落，腳跟跺地，腳尖向裏；雙拳協動。（圖 3-1-82）

【技擊含義】夯擊敵方腳面或腳趾。

3.直搗黃龍勢（左弓樁左搗肘）

兩腿變成左弓樁；左肘向前搗出，前臂向裏全屈，後臂位高同肩；右拳收至右胸。（圖 3-1-83）

【技擊含義】搗擊敵方心窩或臉門。

4.陰膝絕門勢（右頂膝）

右膝向上頂出，位高同腹，小腿全屈，腳尖下垂；雙拳協動。（圖 3-1-84）

【技擊含義】頂擊敵方下門要害。

圖 3-1-82

圖 3-1-83

5.老僧弄拐勢（右蹲樁右拐肘）

右腿落地，變成右蹲樁；右肘向前裏拐出，前臂向裏全屈，上臂位高同肩；左拳收至左胸。（圖 3-1-85）

【技擊含義】拐擊敵方身體或頭部。

6.直搗黃龍勢（右弓樁右搗肘）

兩腿變成右弓樁；右肘向前搗出，前臂向裏全屈，後臂位高同肩；左拳不動。（圖 3-1-86）

【技擊含義】搗擊敵方心窩或臉門。

圖 3-1-84

圖 3-1-85

圖 3-1-86

7.陰膝絕門勢（左頂膝）

左膝向上頂出，位高同腹，小腿全屈，腳尖下垂；雙拳協動。（圖3-1-87）

【技擊含義】頂擊敵方下門要害。

8.陰膝絕門勢（右頂膝）

右膝向上頂出，位高同腹，小腿全屈，腳尖下垂；雙拳協動。（圖3-1-88）

【技擊含義】頂擊敵方下門要害。

9.陰膝絕門勢（左頂膝）

左膝向上頂出，位高同腹，小腿全屈，腳尖下垂；雙拳協動。（圖3-1-89）

【技擊含義】頂擊敵方下門要害。

圖 3-1-87

圖 3-1-88

10. 老僧弄拐勢（左蹲椿左拐肘）

左腿落地，變成左蹲椿；左肘向前裏拐出，前臂向裏全屈，後臂位高同肩；右拳收至右胸。（圖 3-1-90）

【技擊含義】拐擊敵方身體或頭部。

11. 直搗黃龍勢（左弓椿左搗肘）

兩腿變成左弓椿；左肘向前搗出，前臂向裏全屈，後臂位高同肩；右拳不動。（圖 3-1-91）

【技擊含義】搗擊敵方心窩或臉門。

圖 3-1-89

圖 3-1-90

圖 3-1-91

12.老僧弄拐勢（左弓椿右拐肘）

椿型不變；右肘向前裏拐出，前臂向裏全屈，後臂位高同肩；左拳收至左胸。（圖3-1-92）

【技擊含義】拐擊敵方身體或頭部。

13.老僧弄拐勢（左弓椿左拐肘）

椿型不變；左肘向前裏拐出，前臂向裏全屈，後臂位高同肩；右拳收至右胸。（圖3-1-93）

【技擊含義】拐擊敵方身體或頭部。

14.老僧弄拐勢（左弓椿右拐肘）

椿型不變；右肘向前裏拐出，前臂向裏全屈，後臂位高同肩；左拳收至左胸。（圖3-1-94）

【技擊含義】拐擊敵方身體或頭部。

圖 3-1-92

圖 3-1-93

15.直搗黃龍勢（進步左蹲樁左搗肘）

兩腿變成左蹲樁；左肘向前搗出，前臂向裏全屈，後臂位高同肩；右拳不動。（圖3-1-95）

注：此處變樁包含兩腿的同時進步動作，即先進一步再變勢，而身體朝向不變。

【技擊含義】進步搗擊敵方心窩或臉門。

16.直搗黃龍勢（進步左蹲樁左搗肘）

兩腿同時進步，而樁型不變；左肘連續向前搗出，前臂向裏全屈，後臂位高同肩；右拳不動。（圖3-1-96）

【技擊含義】緊跟並搗擊敵方心窩或臉門。

圖3-1-94

圖3-1-95

圖3-1-96

17. 直搗黃龍勢（進步左蹲樁左搗肘）

　　兩腿同時進步，而樁型不變；左肘再次向前搗出，前臂向裏全屈，後臂位高同肩；右拳不動。（圖 3-1-97）

　　【技擊含義】接二連三地搗擊敵方。

18. 直搗黃龍勢（後翻身右蹲樁右搗肘）

　　向後翻身，兩腿變成右蹲樁；右肘向右前搗出，前臂向裏全屈，後臂位高同肩；左拳收至左胸。（圖 3-1-98）

　　【技擊含義】轉身搗擊身後來敵。

19. 直搗黃龍勢（進步右蹲樁右搗肘）

　　兩腿同時進步，而樁型不變；右肘連續搗出，前臂向裏全屈，後臂位高同肩；左拳不動。（圖 3-1-99）

　　【技擊含義】緊跟並搗擊敵方心窩或臉門。

圖 3-1-97

圖 3-1-98

20.羅漢問路勢（右歇樁）

兩腿變成右歇樁；右拳上提，位高同胸，拳面向上，拳眼向裏；右肘適屈；左拳不動。（圖3-1-100）

【技擊含義】審時度勢，隨機應變。

第六段

1.一手遮天勢（右歇樁右甩掌封眼）

樁勢不變；右拳變掌，向前上方甩出，掌心在裏，掌背向前，位高同頭；左拳不動。（圖3-1-101）

【技擊含義】甩封敵方眼睛。

圖3-1-99

圖3-1-100

圖3-1-101

2.鐵鉤子手勢（右歇樁右鉤子手）

樁勢不變；右掌變成鉤子手，向右後反腕勾出，鉤尖向上；左拳不動。（圖 3-1-102）

【技擊含義】勾掛敵方來腿。

3.反面砸錘勢（右跪樁右下反面拳）

兩腿變成右跪樁；右鉤變拳，向前下方砸出，肘節稍屈，拳心向裏，拳棱向前，位高同襠；左拳不動。（圖 3-1-103）

【技擊含義】砸擊敵方襠部。

4.裙裏出腿勢（左裙裏腿）

左腿向前撩出，位高同襠，膝節稍屈，腳腕裏勾，腳尖向上；雙拳協動。（圖 3-1-104）

【技擊含義】撩踢敵方襠部。

圖 3-1-102

圖 3-1-103

5. 老僧弄拐勢（左蹲樁左拐肘）

左腿落地，變成左蹲樁；左肘向前裏拐出，前臂向裏全屈，後臂位高同肩；右拳收至右胸。（圖 3-1-105）

【技擊含義】拐擊敵方身體或頭部。

6. 老僧弄拐勢（左弓樁右拐肘）

兩腿變成左弓樁；右肘向前裏拐出，前臂向裏全屈，後臂位高同肩；左拳收至左胸。（圖 3-1-106）

【技擊含義】拐擊敵方身體或頭部。

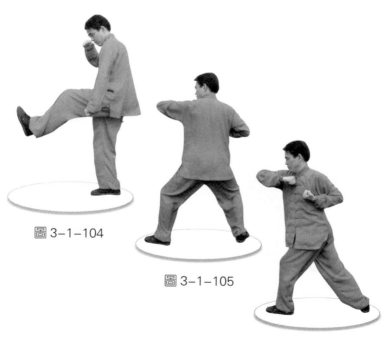

圖 3-1-104

圖 3-1-105

圖 3-1-106

7.老僧弄拐勢（左蹲樁左拐肘）

兩腿變成左蹲樁；左肘向前裏拐出，前臂向裏全屈，後臂位高同肩；右拳收至右胸。（圖3-1-107）

【技擊含義】拐擊敵方身體或頭部。

8.直搗黃龍勢（左弓樁左搗肘）

兩腿變成左弓樁；左肘向前搗出，前臂向裏全屈，後臂位高同肩；右拳不動。（圖3-1-108）

【技擊含義】搗擊敵方心窩或臉門。

9.直搗黃龍勢（進步左蹲樁左搗肘）

兩腿同時進步，樁型變成左蹲樁；左肘連續向前搗出，前臂向裏全屈，後臂位高同肩；右拳不動。（圖3-1-109）

【技擊含義】進步搗擊敵方。

圖3-1-107　　　　　　　　　圖3-1-108

10.直搗黃龍勢（進步左蹲樁左搗肘）

兩腿再進，樁型不變；左肘再次向前搗出，前臂向裏全屈，後臂位高同肩；右拳不動。（圖 3-1-110）

【技擊含義】緊逼搗擊敵方。

11.直搗黃龍勢（進步左蹲樁左搗肘）

兩腿再進，樁型不變；左肘連續向前搗出，前臂向裏全屈，後臂位高同肩；右拳不動。（圖 3-1-111）

【技擊含義】跟蹤追擊，連搗敵方，不讓其逃脫。

圖 3-1-109

圖 3-1-110

圖 3-1-111

12.鐵錘灌耳勢（左弓右灌耳拳）

兩腿變成左弓樁；右拳向前裏灌出，位高同耳，肘節適屈，拳眼在上，拳面向裏；左拳收至左胸。（圖3-1-112）

【技擊含義】向裏勾灌敵方耳門。

13.陰膝絕門勢（右頂膝）

右膝向上頂出，位高同腹，小腿全屈，腳尖下垂；雙拳協動。（圖3-1-113）

【技擊含義】頂擊敵方下部要害。

14.老僧弄拐勢（右蹲樁右拐肘）

右腳落地，兩腿變成右蹲樁；右肘向前裏拐出，前臂向裏全屈，上臂位高同肩；左拳收至左胸。（圖3-1-114）

【技擊含義】拐擊敵方身體。

圖3-1-112

圖3-1-113

15. 直搗黃龍勢（右弓樁右搗肘）

兩腿變成右弓樁；右肘向前搗出，前臂向裏全屈，後臂位高同肩；左拳不動。（圖 3-1-115）

【技擊含義】搗擊敵方心窩或臉門。

16. 直搗黃龍勢（進步右蹲樁右搗肘）

兩腿同時進步，樁型變成右蹲樁；右肘再次向前搗出，前臂向裏全屈，後臂位高同肩；左拳不動。（圖 3-1-116）

【技擊含義】進步搗擊敵方。

圖 3-1-114

圖 3-1-115

圖 3-1-116

17.直搗黃龍勢（進步右搗肘）

兩腿同時進步，椿型不變；右肘連續向前搗出，前臂向裏全屈，後臂位高同肩；左拳不動。（圖 3-1-117）

【技擊含義】肘法配合進步，連續攻擊敵方。

18.反面砸錘勢（右弓椿右上反面拳）

兩腿變成右弓椿；右臂伸開，右拳向前上方砸出，拳心向裏，拳棱向前，位高同頭；左拳不動。（圖 3-1-118）

【技擊含義】短中加長，砸擊敵方臉門。

19.直搗黃龍勢（進步右蹲椿右搗肘）

兩腿同時進步，椿型變成右蹲椿；右前臂向裏全屈，右肘搗出，後臂位高同肩；左拳不動。（圖 3-1-119）

【技擊含義】長中有短，進步猛搗。

圖 3-1-117

圖 3-1-118

20.羅漢搬攔勢（後翻身左歇樁左下攔）

向後翻身，兩腿變成左歇樁；左前臂向下落擺，肘節伸直，左拳在下，位高同腹；右拳提至右胸。（圖3-1-120）

【技擊含義】向下攔擋敵方來招。

第七段

1.羅漢提攔勢（左歇樁左外攔）

樁型不變；左前臂向外提擺，肘節彎曲，前臂豎直；左拳在上，位高同頭；右拳不動。（圖3-1-121）

【技擊含義】向外攔擋敵方來招。

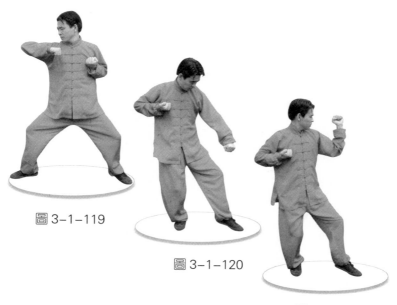

圖3-1-119

圖3-1-120

圖3-1-121

2.羅漢提攔勢（左歇椿左上攔）

椿型不變；左前臂向上提擺，肘節彎曲，前臂橫平；左拳在裏，位高過頭；右拳不動。（圖 3-1-122）

【技擊含義】向外攔擋敵方來招。

3.陰膝絕門勢（左頂膝）

左膝向上頂出，位高同腹，小腿全屈，腳尖下垂；雙拳協動。（圖 3-1-123）

【技擊含義】頂擊敵方下部要害。

4.裙裏出腿勢（左裙裏腿）

左腿向前撩出，位高同襠，膝節稍屈，腳腕裏勾，腳尖向上；雙拳協動。（圖 3-1-124）

【技擊含義】撩踢敵方襠部。

圖 3-1-122　　　　　　圖 3-1-123

5.羅漢打夯勢（左夯腳）

左腿下落，腳跟跺地，腳尖向裏；雙拳協動。（圖3-1-125）

【技擊含義】夯擊敵方腳面或腳趾。

6.直搗黃龍勢（左蹲椿左搗肘）

兩腿變成左蹲椿；左肘向前搗出，前臂向裏全屈，後臂位高同肩；右拳收至右胸。（圖3-1-126）

【技擊含義】搗擊敵方心窩或臉門。

圖3-1-124

圖3-1-125

圖3-1-126

7.反面砸錘勢（左弓椿左上反面拳）

兩腿變成左弓椿；左拳隨即向前上方砸出，肘節稍屈，拳心向裏，拳棱向前，位高同頭；右拳不動。（圖3-1-127）

【技擊含義】砸擊敵方臉門。

8.羅漢搬攔勢（左歇椿左下攔）

兩腿變成左歇椿；左前臂向下落擺，肘節伸直，左拳在下，位高同腹；右拳不動。（圖3-1-128）

【技擊含義】向下攔擋敵方來招。

9.反面砸錘勢（左弓椿上反面拳）

兩腿變成左弓椿；左拳隨即向前上方砸出，肘節稍屈，拳心向裏，拳棱向前，位高同頭；右拳不動。（圖3-1-129）

圖 3-1-127

圖 3-1-128

【技擊含義】砸擊敵方臉門。

10.老僧弄拐勢（左弓樁左拐肘）

樁型不變；左肘向前裏拐出，前臂向裏全屈，後臂位高同肩；右拳不動。（圖3-1-130）

【技擊含義】拐擊敵方身體。

11.羅漢開炮勢（左跪樁右下沖拳）

兩腿變成左跪樁；右拳向下方沖出，拳面向下，拳心向裏，位高同襠；左拳收至左胸。（圖3-1-131）

【技擊含義】右拳向下沖擊敵方襠部。

圖3-1-129

圖3-1-130

圖3-1-131

12.尖釘子腿勢（右下尖子腿）

右腿向前下彈出，腳面在上，腳尖向前，位高同脛；雙拳協動。（圖3-1-132）

【技擊含義】用腳尖彈擊敵方脛骨。

13.尖釘子腿勢（左下尖腿）

左腿向前下彈出，腳面在上，腳尖向前，位高同脛；雙拳協動。（圖3-1-133）

【技擊含義】彈擊敵方脛骨。

14.尖釘子腿勢（右下尖腿）

右腿向前下彈出，腳面在上，腳尖向前，位高同脛；雙拳協動。（圖3-1-134）

【技擊含義】彈擊敵方脛骨。

圖 3-1-132

圖 3-1-133

15. 尖釘子腿勢（左下尖腿）

左腿向前下彈出，腳面在上，腳尖向前，位高同脛；雙拳協動。（圖 3-1-135）

【技擊含義】彈擊敵方脛骨。

16. 鐵鉤子腿勢（右鉤子腿）

右腿向前勾出，腳腕勾起，腳尖向裏，位高同膝；雙拳協動。（圖 3-1-136）

【技擊含義】勾踢敵腿，致其跌倒。

圖 3-1-134　　　　　圖 3-1-135

圖 3-1-136

17.羅漢鏟草勢（左鏟腿）

左腿向下鏟出，位高同膝，膝節伸開，腳腕裏勾，腳棱向前；雙拳協動。（圖 3-1-137）

【技擊含義】鏟踢敵方膝節。

18.齊搗黃龍勢（正蹲椿雙搗肘）

左腿落地變成正蹲椿；兩肘向左右同時搗出，前臂皆向裏全屈，後臂位高皆同肩。（圖 3-1-138）

【技擊含義】搗擊兩方來敵。

19.正立抱拳勢

右腳裏收，與左腳併齊，兩膝伸直變成正立椿；雙拳同時收至左右胸側，拳心皆向上，拳面皆向前。（圖 3-1-139）

圖 3-1-137

圖 3-1-138

圖 3-1-139

20.四大皆空勢

雙拳變掌，伸臂下垂；周身放鬆，四肢散勁。全套小羅漢拳結束。（圖 3-1-140）

第二節　大羅漢拳

大羅漢拳，主要由掌、腿組成，練習長勁，架勢舒展。

第一段

1.羅漢合十勢（正立樁雙合掌）

身正直立，雙腿併齊，腳尖外分；雙手合十，掌指向上，指尖位高同鼻；準備開拳。（圖 3-2-1）

圖 3-1-140

圖 3-2-1

2.羅漢問路勢（左轉身左歇椿）

向左轉身，兩腿變成左歇椿；左掌上提，位高同胸，掌指向上，掌心向裏，左肘適屈；右掌落至右胸，掌指在前，掌心向上。（圖3-2-2）

注：收胸的掌型有三種：仰掌，掌心在上；豎掌，掌心在裏；俯掌，掌心向下。為節省篇幅，筆者不一一細述，請參照插圖。

【技擊含義】審時度勢，準備出擊。

3.一劍封喉勢（左歇椿左正穿掌）

椿型不變；左掌向正前方穿出，掌心向下，掌指向前，位高同喉；右掌不動。（圖3-2-3）

【技擊含義】左掌向前穿擊敵方咽喉。

4.一劍封喉勢（左弓椿右正穿掌）

兩腿變成左弓椿；右掌向前穿出，掌心向下，掌指向

圖3-2-2

圖3-2-3

前，位高同喉；左掌收至左胸。（圖3-2-4）

【技擊含義】穿擊敵方咽喉。

5.一劍封喉勢（左獨立樁左正穿掌）

右腿提起，兩腿變成左獨立樁；左掌向前穿出，掌心向下，掌指向前，位高同喉；右掌提至頭右外側。（圖3-2-5）

【技擊含義】再次穿擊敵方咽喉。

6.羅漢砍柴勢（右弓樁右立斬掌）

右腿落地，兩腿變成右弓樁；右掌向前斬出，掌心向裏，掌指向前，掌棱向下，位高同頭；左掌收至左胸。（圖3-2-6）

【技擊含義】右掌斬擊敵方脖頸、耳門或臉門。

圖3-2-4　　　　　　　圖3-2-6

圖3-2-5

7.羅漢跺山勢（右跺腿）

右腿向前跺出，腳腕勾起，腳尖向裏，腳跟向前，位高同腹；雙掌協動，左右伸開。（圖3-2-7）

【技擊含義】跺擊敵方中部要害。

8.羅漢搬攔勢（後翻身左歇樁左下攔）

向後翻身，兩腿變成左歇樁；左前臂向下落擺，肘節伸直，左掌在下，位高同腹；右掌收至右胸。（圖3-2-8）

【技擊含義】向下攔擋敵方來招。

9.一劍封喉勢（左弓樁右正穿掌）

兩腿變成左弓樁；右掌向前穿出，掌心向下，掌指向前，位高同喉；左掌收至左胸。（圖3-2-9）

【技擊含義】穿擊敵方咽喉。

圖 3-2-7

圖 3-2-8

10.一劍封喉勢（左弓椿右正穿掌）

椿型不變；右掌一收即發，再次向前穿出，掌心向下，掌指向前，位高同喉；左掌不動。（圖3-2-10）

【技擊含義】穿擊敵方咽喉。

11.一劍封喉勢（左弓椿右正穿掌）

椿型不變；右掌一收即發，再次向前穿出，掌心向下，掌指向前，位高同喉；左掌不動。（圖3-2-11）

【技擊含義】穿擊敵方咽喉。

圖 3-2-9

圖 3-2-10

圖 3-2-11

12.一劍封喉勢（進步左弓樁右正穿掌）

兩腿同時向前進步，樁型不變；右掌一收即發，再次向前穿出，掌心向下，掌指向前，位高同喉；左掌不動。（圖3-2-12）

【技擊含義】穿擊敵方咽喉。

13.一劍封喉勢（進步左弓樁右正穿掌）

兩腿同時向前進步，樁型仍然不變；右掌一收即發，再次向前穿出，掌心向下，掌指向前，位高同喉；左掌不動。（圖3-2-13）

【技擊含義】穿擊敵方咽喉。

14.一劍封喉勢（右獨立樁右正穿掌）

左腿提起，兩腿變成右獨立樁；右掌一收即發，再次向前穿出，掌心向下，掌指向前，位高同喉；左掌不動。

圖3-2-12　　　　　　　圖3-2-13

（圖3-2-14）

【技擊含義】連續不斷地穿擊敵方咽喉。

15.一劍封喉勢（左弓樁左正穿掌）

左腿落地，兩腿變成左弓樁；左掌向前穿出，掌心向下，掌指向前，位高同喉；右掌收至右胸。（圖3-2-15）

【技擊含義】穿擊敵方咽喉。

16.一劍封喉勢（左弓樁右正穿掌）

樁型不變；右掌向前穿出，掌心向下，掌指向前，位高同喉；左掌收至左胸。（圖3-2-16）

【技擊含義】穿擊敵方咽喉。

圖3-2-14

圖3-2-15

圖3-2-16

17. 一劍封喉勢（左弓樁左正穿掌）

樁型不變；左掌向前穿出，掌心向下，掌指向前，位高同喉；右掌收至右胸。（圖 3-2-17）

【技擊含義】穿擊敵方咽喉。

18. 一劍封喉勢（後翻身右弓樁右正穿掌）

向後翻身，兩腿變成右弓樁；右掌向前穿出，掌心向下，掌指向前，位高同喉；左掌收至左胸。（圖 3-2-18）

【技擊含義】穿擊敵方咽喉。

19. 一劍封喉勢（正蹲樁左右雙正穿掌）

兩腿變成正蹲樁；左掌向左穿出，掌心向下，掌指向前，位高同喉；右手不動。（圖 3-2-19）

【技擊含義】穿擊敵方咽喉。

圖 3-2-17

圖 3-2-18

20.羅漢問路勢（右轉身右歇樁）

　　向右轉身，兩腿變成右歇樁；右掌上提，位高同胸，掌指向上，掌心向裏，右肘適屈；左掌落至左胸，掌指在前，掌心向上。（圖3-2-20）

　　【技擊含義】審時度勢，攻防兼備。

第二段

1.羅漢搬攔勢（右歇樁右下攔）

　　樁型不變；右前臂向下落擺，肘節伸直；右掌向下，位高同腹；左掌收至左胸。（圖3-2-21）

　　【技擊含義】向下攔擋敵方來招。

圖3-2-20

圖3-2-19　　　　　　　　　圖3-2-21

2.一劍封喉勢（左上步左弓樁左正穿掌）

左腿向前上步，兩腿變成左弓樁；左掌向前穿出，掌心向下，掌指向前，位高同喉；右掌提至頭右外側。（圖3-2-22）

【技擊含義】穿擊敵方咽喉。

3.羅漢砍柴勢（左弓樁右立斬掌）

樁勢不變；右掌向前斬出，掌心向裏，掌指向前，掌棱向下，位高同頭；左掌提至頭左外側。（圖3-2-23）

【技擊含義】右掌斬擊敵方上門要害。

4.羅漢砍柴勢（左弓樁左立斬掌）

樁勢不變；左掌向前斬出，掌心向裏，掌指向前，掌棱向下，位高同頭；右掌提至頭右外側。（圖3-2-24）

【技擊含義】左掌斬擊敵方上門要害。

圖 3-2-22　　　　　　　　圖 3-2-23

5.羅漢砍柴勢（右上步右弓椿右立斬掌）

右腿上步，變成右弓椿；右掌向前斬出，掌心向裏，掌指向前，掌棱向下，位高同頭；左掌提至頭左外側。（圖 3-2-25）

【技擊含義】斬擊敵方上門要害。

6.羅漢砍柴勢（後翻身左弓椿左立斬掌）

向後翻身，兩腿變成左弓椿；左掌向前斬出，掌心向裏，掌指向前，掌棱向下，位高同頭；右掌提至頭右外側。（圖 3-2-26）

【技擊含義】斬擊敵方上門要害。

圖 3-2-24

圖 3-2-25

圖 3-2-26

7.羅漢砍柴勢（後翻身右弓樁右立斬掌）

向後翻身，兩腿變成右弓樁；右掌向前斬出，掌心向裏，掌指向前，掌棱向下，位高同頭；左掌提至頭左外側。（圖3-2-27）

【技擊含義】斬擊敵方上門要害。

8.羅漢砍柴勢（右弓樁左立斬掌）

樁勢不變；左掌向前斬出，掌心向裏，掌指向前，掌棱向下，位高同頭；右掌提至頭右外側。（圖3-2-28）

【技擊含義】斬擊敵方上門要害。

9.羅漢砍柴勢（進步右弓樁右立斬掌）

兩腿同時進步，而樁勢不變；右掌向前斬出，掌心向裏，掌指向前，掌棱向下，位高同頭；左掌提至頭左外側。（圖3-2-29）

圖3-2-27　　　　　　　　圖3-2-28

【技擊含義】斬擊敵方上門要害。

10.羅漢砍柴勢（右弓樁左立斬掌）

椿勢不變；左掌向前斬出，掌心向裏，掌指向前，掌棱向下，位高同頭；右掌提至頭右外側。（圖3-2-30）

【技擊含義】斬擊敵方上門要害。

11.羅漢砍柴勢（左上步左弓樁右立斬掌）

左腿上步，變成左弓樁；右掌向前斬出，掌心向裏，掌指向前，掌棱向下，位高同頭；左掌提至頭左外側。（圖3-2-31）

【技擊含義】斬擊敵方上門要害。

圖 3-2-29

圖 3-2-30

圖 3-2-31

12.羅漢抽鞭勢（右抽鞭腿）

右腿向前裏掃擊，腳腕伸開，腳尖向前，位高同腹；雙掌協動。（圖3-2-32）

【技擊含義】正掃敵方中部要害。

13.羅漢甩鞭勢（左甩鞭腿）

左腿向前反掃，腳腕伸開，腳尖向前，腳跟向外，位高同腹；雙掌協動，左右伸開。（圖3-2-33）

【技擊含義】反掃敵方中部要害。

14.羅漢撩鞭勢（右掛叉腿）

左腿向前上掃擊，腳腕伸開，腳尖向前，位高同襠；雙掌協動，左右伸開。（圖3-2-34）

【技擊含義】上掃敵方襠部。

圖3-2-32　　　　　　　　　圖3-2-33

15. 羅漢甩鞭勢（左甩鞭腿）

左腿向前外反掃，腳腕伸開，腳尖向前，腳跟向外，位高同腹；雙掌協動，左右伸開。（圖3-2-35）

【技擊含義】反掃敵方中部要害。

16. 羅漢抽鞭勢（右抽鞭腿）

右腿向前裏掃擊，腳腕伸開，腳尖向前，位高同腹；雙掌協動，左右伸開。（圖3-2-36）

【技擊含義】正掃敵方中部要害。

圖3-2-34

圖3-2-35

圖3-2-36

17.羅漢抽鞭勢（左抽鞭腿）

左腿向前裏掃擊，腳腕伸開，腳尖向前，位高同腹；雙掌協動，左右伸開。（圖 3-2-37）

【技擊含義】正掃敵方中部要害。

18.羅漢甩鞭勢（左甩鞭腿）

左腿向前外反掃，腳腕伸開，腳尖向前，位高同腹；雙掌協動，左右伸開。（圖 3-2-38）

【技擊含義】反掃敵方中部要害。

19.羅漢搬攔勢（左歇樁左下攔）

左腿落地，變成左歇樁；左前臂向下落擺，肘節伸直，左掌在下，位高同腹；右掌收至右頭外側。（圖 3-2-39）

【技擊含義】向下攔擋敵方來招。

圖 3-2-37

圖 3-2-38

20.羅漢問路勢（左歇椿）

椿型不變；左掌上提，位高同胸，掌指向上，掌心向裏，左肘適屈；右掌落至右胸。（圖 3-2-40）

【技擊含義】審時度勢，隨機應變。

第三段

1.羅漢削木勢（左歇椿左平斬掌）

椿勢不變；左掌向前斬出，掌心向下，掌指向裏，掌棱向前，位高同喉；右掌不動。（圖 3-2-41）

【技擊含義】左掌平斬敵方咽喉。

圖 3-2-39

圖 3-2-40

圖 3-2-41

2.一劍封喉勢（左歇樁右反穿掌）

椿型不變；右掌向前穿出，掌心向上，掌指向前，位高同喉；左掌收至左胸。（圖 3-2-42）

【技擊含義】右掌反穿敵方咽喉。

3.羅漢削木勢（左弓椿左平斬掌）

兩腿變成左弓椿；左掌向前斬出，掌心向下，掌指向裏，掌棱向前，位高同喉；右掌收至右胸。（圖 3-2-43）

【技擊含義】左掌平斬敵方咽喉。

圖 3-2-42

圖 3-2-43

圖 3-2-44

4.羅漢削木勢（後翻身右弓椿右平斬掌）

向後翻身，兩腿變成右弓椿；右掌向前斬出，掌心向下，掌指向裏，掌棱向前，位高同喉；左掌收至左胸。（圖 3-2-44）

【技擊含義】平斬敵方咽喉。

5.一劍封喉勢（右弓椿左正穿掌）

椿型不變；左掌向前穿出，掌心向下，掌指向前，位高同喉；右掌收至頭右外側。（圖 3-2-45）

【技擊含義】正穿敵方咽喉。

6.羅漢砍柴勢（右弓椿右立斬掌）

椿型不變；右掌向前斬出，掌心向裏，掌指向前，掌棱向下，位高同頭；左掌提至頭左外側。（圖 3-2-46）

【技擊含義】斬擊敵方上門要害。

圖 3-2-45　　　　　圖 3-2-46

7.羅漢跺山勢（右跺山腿）

右腿向前跺出，腳腕勾起，腳尖向裏，腳跟向前，位高同腹；雙掌協動，左右伸開。（圖 3-2-47）

【技擊含義】跺擊敵方中部要害。

8.羅漢跺山勢（後翻身左跺山腿）

向後翻身，左腿向左跺出，腳腕勾起，腳尖向裏，腳跟向前，位高同腹；雙掌協動，左右伸開。（圖 3-2-48）

【技擊含義】跺擊敵方中部要害。

9.一劍封喉勢（左蹲樁左正穿掌）

左腿落地，變成左蹲樁；左掌向前穿出，掌心向下，掌指向前，位高同喉；右掌收至頭右外側。（圖 3-2-49）

【技擊含義】穿擊敵方咽喉。

圖 3-2-48

圖 3-2-47

10.羅漢砍柴勢（左弓樁右立斬掌）

兩腿變成左弓樁；右掌向前斬出，掌心向裏，掌指向前，掌棱向下，位高同頭；右掌收至右胸。（圖3-2-50）

【技擊含義】斬擊敵方上門要害。

11.羅漢撩鞭勢（右掛叉腿）

右腿向前上掃擊，腳腕伸開，腳尖向前，位高同襠；雙掌協動，左右伸開。（圖3-2-51）

【技擊含義】上掃敵方襠部。

圖3-2-49

圖3-2-50

圖3-2-51

12.羅漢砍柴勢（右弓椿右立斬掌）

右腿落地，變成右弓椿；右掌向前斬出，掌心向裏，掌指向前，掌棱向下，位高同頭；左掌收至左胸。（圖3-2-52）

【技擊含義】斬擊敵方上門要害。

13.羅漢削木勢（右蹲椿右平斬掌）

兩腿變成右蹲椿；右掌一收即發，向前斬出，掌心向下，掌指向裏，掌棱向前，位高同喉；左掌提至頭左外側。（圖3-2-53）

【技擊含義】平掌斬擊敵方咽喉。

14.羅漢砍柴勢（右弓椿左立斬掌）

兩腿變成右弓椿；左掌向前斬出，掌心向裏，掌指向前，掌棱向下，位高同頭；右掌收至右胸。（圖3-2-54）

圖 3-2-52

圖 3-2-53

【技擊含義】立掌斬擊敵方上門要害。

15.一劍封喉勢（右弓椿右正穿掌）

椿型不變；右掌向前穿出，掌心向下，掌指向前，位高同喉；左掌收至左胸。（圖3-2-55）

【技擊含義】穿擊敵方咽喉。

16.一劍封喉勢（右弓椿左正穿掌）

椿型不變；左掌向左穿出，掌心向下，掌指向前，位高同喉；右掌收至右胸。（圖3-2-56）

【技擊含義】穿擊敵方咽喉。

圖 3-2-54

圖 3-2-55

圖 3-2-56

17. 羅漢撩鞭勢（左掛叉腿）

左腿向前上掃擊，腳腕伸開，腳尖向前，位高同襠；雙掌協動，左右伸開。（圖3-2-57）

【技擊含義】上掃敵方襠部。

18. 羅漢撩鞭勢（右掛叉腿）

右腿向前上掃擊，腳腕伸開，腳尖向前，位高同襠；雙掌協動，左右伸開。（圖3-2-58）

【技擊含義】上掃敵方襠部。

19. 羅漢搬攔勢（右歇椿右下攔）

右腿落地，變成右歇椿；右前臂向下落擺，肘節伸直，右掌在下，位高同腹；左掌收至頭左外側。（圖3-2-59）

【技擊含義】向下攔擋敵方來招。

圖3-2-57　　　　　　　圖3-2-58

20.羅漢問路勢（右歇樁）

椿型不變；右掌上提，位高同胸，掌指向上，掌心向裏，右肘適屈；左掌落至左胸。（圖 3-2-60）

【技擊含義】審時度勢，隨機應變。

第四段

1.一劍封喉勢（右歇樁右正穿掌）

椿型不變；右掌向前穿出，掌心向下，掌指向前，位高同喉；左掌不動。（圖 3-2-61）

【技擊含義】穿擊敵方咽喉。

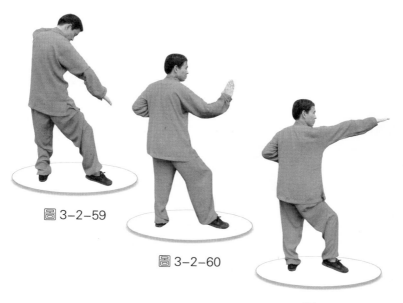

圖 3-2-59

圖 3-2-60

圖 3-2-61

2.一劍封喉勢（右弓樁左正穿掌）

兩腿變成右弓樁；左掌向前穿出，掌心向下，掌指向前，位高同喉；右掌收至右胸。（圖3-2-62）

【技擊含義】穿擊敵方咽喉。

3.一劍封喉勢（右弓樁右正穿掌）

樁型不變；右掌向前穿出，掌心向下，掌指向前，位高同喉；左掌收至左胸。（圖3-2-63）

【技擊含義】穿擊敵方咽喉。

圖3-2-62

圖3-2-63

圖3-2-64

4.羅漢撩鞭勢（左掛叉腿）

左腿向前上掃擊，腳腕伸開，腳尖向前，位高同襠；雙掌協動，左右伸開。（圖3-2-64）

【技擊含義】上掃敵方襠部。

5.金鏢穿身勢（右鏢腿）

右腿向前彈出，腳面在裏，腳腕繃直，腳尖向前，位高同胸；雙掌協動。（圖3-2-65）

【技擊含義】側彈敵方中部要害。

6.金鏢穿身勢（左鏢腿）

左腿向前彈出，腳面在裏，腳腕繃直，腳尖向前，位高同胸；雙掌協動。（圖3-2-66）

【技擊含義】側彈敵方中部要害。

圖3-2-65

圖3-2-66

7.金鏢穿身勢（右鏢腿）

右腿向前彈出，腳面在裏，腳腕繃直，腳尖向前，位高同胸；雙掌協動。（圖 3-2-67）

【技擊含義】側彈敵方中部要害。

8.雙劍封喉（右弓椿雙正穿掌）

右腿落地，兩腿變成右弓椿；雙掌向前同時穿出，掌心皆向下，掌指皆向前，位高皆同喉。（圖 3-2-68）

【技擊含義】雙掌同時穿擊敵方咽喉。

9.金鏢穿身勢（後翻身左鏢腿）

向後翻身，左腿隨即彈出，腳面在裏，腳腕繃直，腳尖向前，位高同胸；雙掌協動。（圖 3-2-69）

【技擊含義】向後側彈敵方中部要害。

圖 3-2-67

圖 3-2-68

10.一劍封喉勢（左弓樁右反穿掌）

左腿落地，變成左弓樁；右掌向前穿出，掌心向上，掌指向前，位高同喉；左掌收至左胸。（圖3-2-70）

【技擊含義】穿擊敵方咽喉。

11.尖釘子腿（右下尖子腿）

右腿向前下彈出，腳面在上，腳尖向前，位高同脛；雙掌協動。（圖3-2-71）

【技擊含義】正彈敵方脛骨。

圖3-2-69

圖3-2-70

圖3-2-71

12.金鏢穿身勢（右鏢腿）

右腿一收即發，身向左側，向前彈出，腳面在裏，腳尖向前，位高同胸；雙掌協動。（圖 3-2-72）

【技擊含義】側彈敵方中部要害。

13.羅漢搬攔勢（右歇樁右下攔）

右腿落地，變成右歇樁；右前臂向下落擺，肘節伸直，右掌在下，位高同腹；左掌收至左胸。（圖 3-2-73）

【技擊含義】向下攔擋敵方來招。

14.羅漢削木勢（右蹲樁右平斬掌）

兩腿變成右蹲樁；右掌向前斬出，掌心向下，掌指向裏，掌棱向前，位高同喉；左掌不動。（圖 3-2-74）

【技擊含義】平斬敵方咽喉。

圖 3-2-72　　　　　　　圖 3-2-73

15.羅漢跺山勢（右跺山腿）

右腿向前跺出，腳腕勾起，腳尖向裏，腳跟向前，位高同腹；雙掌協動。（圖 3-2-75）

【技擊含義】跺擊敵方中部要害。

16.羅漢跺山勢（翻身左跺）

向後翻身，左腿向前跺出，腳腕勾起，腳尖向裏，腳跟向前，位高同腹；雙掌協動。（圖 3-2-76）

【技擊含義】跺擊敵方中部要害。

圖 3-2-74

圖 3-2-75

圖 3-2-76

17.羅漢蹬山勢（右蹬腿）

右腿向前蹬出，腳腕勾起，腳尖向上，腳跟向前，位高同腹；雙掌協動。（圖3-2-77）

【技擊含義】蹬擊敵方中部要害。

18.羅漢踩山勢（右踩腿）

右腿一收即發，向前踩出，腳腕勾起，腳尖向裏，腳跟向前，位高同腹；雙掌協動。（圖3-2-78）

【技擊含義】踩擊敵方中部要害。

19.羅漢打夯勢（右夯腳）

右腿下落，腳跟跺地，腳尖向裏；雙掌協動。（圖3-2-79）

【技擊含義】夯擊敵方腳面或腳趾。

圖 3-2-77　　　　　　　圖 3-2-78

20.羅漢問路勢（後翻身左歇椿）

向後翻身，兩腿變成左歇椿；左掌上提，位高同胸，掌指向上，掌心向裏，左肘適屈；右掌收至右胸。（圖3-2-80）

【技擊含義】審時度勢，隨機應變。

第五段

1.尖釘子腿（左上釘腿）

左腿向前彈出，腳面在上，腳尖向前，位高同腹；雙掌協動。（圖3-2-81）

【技擊含義】彈擊敵方腹部或心窩。

圖3-2-79

圖3-2-80

圖3-2-81

2.尖釘子腿（右上釘腿）

右腿向前彈出，腳面在上，腳尖向前，位高同腹；雙掌協動。（圖3-2-82）

【技擊含義】正彈敵方中部要害。

3.羅漢蹬山勢（左蹬腿）

左腿向前蹬出，腳腕勾起，腳尖向上，腳跟向前，位高同腹；雙掌協動。（圖3-2-83）

【技擊含義】蹬擊敵方中部要害。

4.羅漢蹬山勢（右蹬腿）

右腿向前蹬出，腳腕勾起，腳尖向上，腳跟向前，位高同腹；雙掌協動。（圖3-2-84）

【技擊含義】蹬擊敵方中部要害。

圖 3-2-82

圖 3-2-83

5.羅漢跺山勢（左跺腿）

左腿向前跺出，腳腕勾起，腳尖向裏，腳跟向前，位高同腹；雙掌協動。（圖3-2-85）

【技擊含義】跺擊敵方中部要害。

6.羅漢跺山勢（後翻身右跺腿）

向後翻身，右腿向前跺出，腳腕勾起，腳尖向裏，腳跟向前，位高同腹；雙掌協動。（圖3-2-86）

【技擊含義】跺擊敵方中部要害。

圖3-2-84

圖3-2-85

圖3-2-86

7.羅漢甩鞭勢（左甩鞭腿）

左腿向前外反掃，腳腕伸開，腳尖向前，位高同腹；雙掌協動。（圖 3-2-87）

【技擊含義】反掃敵方中部要害。

8.羅漢抽鞭勢（右抽鞭腿）

右腿向前裏掃擊，腳腕伸開，腳尖向前，位高同腹；雙掌協動。（圖 3-2-88）

【技擊含義】正掃敵方中部要害。

9.羅漢甩鞭勢（左甩鞭腿）

左腿向前外反掃，腳腕伸開，腳尖向前，腳跟向外，位高同腹；雙掌協動。（圖 3-2-89）

【技擊含義】反掃敵方中部要害。

圖 3-2-87　　　　　　　　　圖 3-2-88

10.羅漢抽鞭勢（右抽鞭腿）

右腿向前裏掃擊，腳腕伸開，腳尖向前，位高同腹；雙掌協動。（圖3-2-90）

【技擊含義】正掃敵方中部要害。

11.羅漢甩鞭勢（右甩鞭腿）

右腿一收即發，向前外反掃，腳腕伸開，腳尖向前，腳跟向外，位高同腹；雙掌協動。（圖3-2-91）

【技擊含義】反掃敵方中部要害。

圖3-2-89

圖3-2-90

圖3-2-91

12.羅漢跥山勢（右跥腿）

右腿一收再發，向前跥出，腳腕勾起，腳尖向裏，腳跟向前，位高同腹；雙掌協動。（圖3-2-92）

【技擊含義】跥擊敵方中部要害。

13.羅漢打夯勢（右夯腳）

右腿下落，腳跟跥地，腳尖向裏；雙掌協動。（圖3-2-93）

【技擊含義】夯擊敵方腳面或腳趾。

圖 3-2-92

圖 3-2-93

圖 3-2-94

14.羅漢跥山勢（進步右跥腿）

左腿前上一步，然後右腿向前跥出，腳腕勾起，腳尖向裏，腳跟向前，位高同腹；雙掌協動。（圖3-2-94）

【技擊含義】跥擊敵方中部要害。

15.羅漢打夯勢（右夯腳）

右腿下落，腳跟跥地，腳尖向裏；雙掌協動。（圖3-2-95）

【技擊含義】夯擊敵方腳面或腳趾。

16.羅漢跥山勢（上步右跥）

左腿前上一步，然後右腿向前跥出，腳腕勾起，腳尖向裏，腳跟向前，位高同腹；雙掌協動。（圖3-2-96）

【技擊含義】跥擊敵方中部要害。

圖3-2-95　　　　　　　　圖3-2-96

17.羅漢打夯勢（右夯腳）

右腿下落，腳跟跺地，腳尖向裏；雙掌協動。（圖3-2-97）

【技擊含義】夯擊敵方腳面或腳趾。

18.羅漢跺山勢（左跺腿）

左腿向前跺出，腳腕勾起，腳尖向裏，腳跟向前，位高同腹；雙掌協動。（圖3-2-98）

【技擊含義】跺擊敵方中部要害。

圖3-2-97　　　　　　　圖3-2-98

圖3-2-99

19.羅漢打夯勢（左夯腳）

左腿下落，腳跟跺地，腳尖向裏；雙掌協動。（圖3-2-99）

【技擊含義】夯擊敵方腳面或腳趾。

20.羅漢問路勢（左歇樁）

身向左轉，兩腿變成左歇樁；左掌上提，位高同胸，掌指向上，掌心向裏，左肘適屈；右掌收至右胸。（圖3-2-100）

【技擊含義】審時度勢，隨機應變。

第六段

1.尖釘子腿（左上釘腿）

左腿向前彈出，腳面在上，腳尖向前，位高同腹；雙掌協動。（圖3-2-101）

【技擊含義】彈擊敵方中部要害。

圖3-2-100　　　　　　　　圖3-2-101

2. 尖釘子腿（右上釘腿）

右腿向前彈出，腳面在上，腳尖向前，位高同腹；雙掌協動。（圖 3-2-102）

【技擊含義】彈擊敵方中部要害。

3. 尖釘子腿（左上釘腿）

左腿向前彈出，腳面在上，腳尖向前，位高同腹；雙掌協動。（圖 3-2-103）

【技擊含義】彈擊敵方中部要害。

4. 尖釘子腿（右上釘腿）

右腿向前彈出，腳面在上，腳尖向前，位高同腹；雙掌協動。（圖 3-2-104）

【技擊含義】彈擊敵方中部要害。

圖 3-2-102　　　　　　　圖 3-2-103

5. 尖釘子腿（左上釘腿）

左腿向前彈出，腳面在上，腳尖向前，位高同腹；雙掌協動。（圖 3-2-105）

【技擊含義】彈擊敵方中部要害。

6. 尖釘子腿（右上釘腿）

右腿向前彈出，腳面在上，腳尖向前，位高同腹；雙掌協動。（圖 3-2-106）

【技擊含義】彈擊敵方中部要害。

圖 3-2-104

圖 3-2-105

圖 3-2-106

7.金鏢穿身勢（左鏢腿）

左腿向前彈出，腳面在裏，腳腕繃直，腳尖向前，位高同腹；雙掌協動。（圖 3-2-107）

【技擊含義】側彈敵方中部要害。

8.金鏢穿身勢（右鏢腿）

右腿向前彈出，腳面在裏，腳腕繃直，腳尖向前，位高同腹；雙掌協動。（圖 3-2-108）

【技擊含義】側彈敵方中部要害。

9.金鏢穿身勢（左鏢腿）

左腿向前彈出，腳面在裏，腳腕繃直，腳尖向前，位高同腹；雙掌協動。（圖 3-2-109）

【技擊含義】側彈敵方中部要害。

圖 3-2-107　　　　　　　圖 3-2-108

10. 金鏢穿身勢（右鏢腿）

右腿向前彈出，腳面在裏，腳腕繃直，腳尖向前，位高同腹；雙掌協動。（圖 3-2-110）

【技擊含義】側彈敵方中部要害。

11. 金鏢穿身勢（左鏢腿）

左腿向前彈出，腳面在裏，腳腕繃直，腳尖向前，位高同腹；雙掌協動。（圖 3-2-111）

【技擊含義】側彈敵方中部要害。

圖 3-2-109

圖 3-2-110

圖 3-2-111

12.金鏢穿身勢（右鏢腿）

右腿向前彈出，腳面在裏，腳腕繃直，腳尖向前，位高同腹；雙掌協動。（圖 3-2-112）

【技擊含義】側彈敵方中部要害。

13.羅漢堵門勢（後翻身右獨立樁堵門腿）

右腿落地即向後翻身，左腿提起成右獨立樁，左腳腕勾起，腳跟向下；左掌立在胸前，肘節適屈，掌心向裏，掌尖向上；右掌收至右胸。（圖 3-2-113）

【技擊含義】攔截和封閉敵方上下來招。

14.尖釘子腿（左上釘腿）

左腿向前彈出，腳面在上，腳尖向前，位高同腹；雙掌協動。（圖 3-2-114）

【技擊含義】彈擊敵方中部要害。

圖 3-2-112

圖 3-2-113

15.羅漢撩鞭勢（右掛叉腿）

右腿向前上掃擊，腳腕伸開，腳尖向前，位高同襠；雙掌協動。（圖3-2-115）

【技擊含義】上掃敵方襠部。

16.羅漢撩鞭勢（左掛叉腿）

左腿向前上掃擊，腳腕伸開，腳尖向前，位高同襠；雙掌協動。（圖3-2-116）

【技擊含義】上掃敵方襠部。

圖3-2-115

圖3-2-114

圖3-2-116

17.羅漢抽鞭勢（右抽鞭腿）

右腿向前裏掃擊，腳腕伸開，腳尖向前，位高同腹；雙掌協動。（圖 3-2-117）

【技擊含義】正掃敵方中部要害。

18.羅漢踩山勢（右踩腿）

右腿向前踩出，腳腕勾起，腳尖向裏，腳跟向前，位高同腹；雙掌協動。（圖 3-2-118）

【技擊含義】踩擊敵方中部要害

19.羅漢打夯勢（右夯腳）

右腿下落，腳跟踩地，腳尖向裏；雙掌協動。（圖 3-2-119）

【技擊含義】夯擊敵方腳面或腳趾。

圖 3-2-117

圖 3-2-118

20.羅漢問路勢（翻身左歇樁）

向後翻身，兩腿變成左歇樁；左掌上提，位高同胸，掌指向上，掌心向裏，左肘適屈；右掌收至右胸。（圖 3-2-120）

【技擊含義】審時度勢，隨機應變。

第七段

1.一劍封喉勢（左歇樁左正穿掌）

樁型不變；左掌向前穿出，掌心向下，掌指向前，位高同喉；右掌不動。（圖 3-2-121）

【技擊含義】穿擊敵方咽喉。

圖 3-2-119

圖 3-2-120

圖 3-2-121

2.一劍封喉勢（左歇樁左正穿掌）

樁型不變；左掌一收即發，向前穿出，掌心向下，掌指向前，位高同喉；右掌不動。（圖3-2-122）

【技擊含義】穿擊敵方咽喉。

3.一劍封喉勢（左蹲樁左正穿掌）

兩腿變成左蹲樁；左掌一收再發，向前穿出，掌心向下，掌指向前，位高同喉；右掌不動。（圖3-2-123）

【技擊含義】穿擊敵方咽喉。

4.一劍封喉勢（左弓樁左正穿掌）

兩腿變成左弓樁；左掌一收連發，向前穿出，掌心向下，掌指向前，位高同喉；右掌提至頭右外側。（圖3-2-124）

【技擊含義】穿擊敵方咽喉。

圖3-2-122 　　　　　　　　圖3-2-123

5.羅漢砍柴勢（左弓樁右立斬掌）

椿型不變；右掌向前斬出，掌心向裏，掌指向前，掌棱向下，位高同頭；左掌收至左胸。（圖3-2-125）

【技擊含義】立掌斬擊敵方上門要害。

6.羅漢蹬山腿（右蹬腿）

右腿向前蹬出，腳腕勾起，腳尖向上，腳跟向前，位高同腹；雙掌協動。（圖3-2-126）

【技擊含義】蹬擊敵方中部要害。

圖 3-2-124

圖 3-2-125

圖 3-2-126

7.羅漢砍柴勢（翻身左蹲樁左立斬掌）

向後翻身，兩腿變成左蹲樁；左掌向前斬出，掌心向裏，掌指向前，掌棱向下，位高同頭；右掌收至頭右外側。（圖 3-2-127）

【技擊含義】立掌斬擊敵方上門要害。

8.羅漢砍柴勢（左弓樁右立斬掌）

兩腿變成左弓樁；右掌向前斬出，掌心向裏，掌指向前，掌棱向下，位高同頭；左掌收至頭左外側。（圖 3-2-128）

【技擊含義】立掌斬擊敵方上門要害。

圖 3-2-127

圖 3-2-128

圖 3-2-129

9.羅漢砍柴勢（進步左弓樁左立斬掌）

兩腿同時進步，樁型不變；左掌向前斬出，掌心向裏，掌指向前，掌棱向下，位高同頭；右掌收至頭右外側。（圖 3-2-129）

【技擊含義】立掌斬擊敵方上門要害。

10.羅漢砍柴勢（進步左弓樁右立斬掌）

兩腿同時進步，樁型不變；右掌向前斬出，掌心向裏，掌指向前，掌棱向下，位高同頭；左掌收至頭左外側。（圖 3-2-130）

【技擊含義】立掌斬擊敵方上門要害。

11.羅漢抽鞭勢（右抽鞭腿）

右腿向前裏掃擊，腳腕伸開，腳尖向前，位高同腹；雙掌協動。（圖 3-2-131）

【技擊含義】正掃敵方中部要害。

圖 3-2-130　　　　圖 3-2-131

12.羅漢甩鞭勢（左甩鞭腿）

左腿向前外反掃，腳腕伸開，腳尖向前，腳跟向外，位高同腹；雙掌協動。（圖3-2-132）

【技擊含義】反掃敵方中部要害。

13.雙劍封喉勢（左弓椿雙正穿掌）

左腿落地，變成左弓椿；雙掌同時向前穿出，掌心皆向下，掌指皆向前，位高皆同喉。（圖3-2-133）

【技擊含義】雙掌同時穿擊敵方咽喉。

14.雙刀砍柴勢（左蹲椿雙立斬掌）

兩腿變成左蹲椿；雙掌同時向下斬出，掌心皆向裏，掌指皆向前，掌棱皆向下，位高同腹。（圖3-2-134）

【技擊含義】雙掌同時斬擊敵方雙手手臂，破開門戶。

圖 3-2-132　　　　　　圖 3-2-133

15. 旱地行舟勢（進步左弓樁雙推掌）

兩腿同時進步，變成左弓樁；雙掌同時向前推出，掌心皆向前，掌指皆向上，掌腕皆立起，位高同胸。（圖3-2-135）

【技擊含義】雙掌同時推擊敵方胸部，致其後跌。

16. 雙上提攔勢（左蹲樁雙上攔勢）

兩腿變成左蹲樁；雙臂同時向左右分開，肘節彎曲，前臂豎直，掌部在上，位高同頭。（圖3-2-136）

【技擊含義】左右前臂同時向外攔擋敵方來招。

圖 3-2-134

圖 3-2-135

圖 3-2-136

17. 雙刀砍柴勢（進步左弓椿雙立斬掌）

兩腿進步，變成左弓椿；雙掌同時向前斬出，掌心皆向裏，掌指皆向前，掌棱皆向下，位高同頸。（圖 3-2-137）

【技擊含義】雙掌同時斬擊敵方脖頸。

18. 長劍封喉勢（右上步正蹲椿左右正穿掌）

右腿前上一步，身體轉正，兩腿變成正蹲椿；雙掌同時向左右穿出，掌心皆向下，掌指皆向外，位高同喉。（圖 3-2-138）

【技擊含義】雙掌左右穿擊兩方來敵咽喉。

19. 立正抱掌勢

右腳裏收，與左腳併齊，兩膝伸直變成正立椿；雙掌同時收至左右胸側，掌心皆向上，掌尖皆向前。（圖 3-2-139）

圖 3-2-137

圖 3-2-138

20.四大皆空勢

雙掌伸臂下垂；四肢放鬆散勁。全套大羅漢拳結束。
（圖 3-2-140）

第三節　鐵羅漢拳

大羅漢拳主要由拳腿組成，注重力度，求取剛勁。

第一段

1.羅漢合十勢（正立椿雙合掌）

雙腿併齊，腳尖外分；雙手合十，掌指向上，指尖位
高同鼻；準備開拳。（圖 3-1-1）

【技擊含義】以靜制動，以逸待勞。

圖 3-2-139

圖 3-2-140

圖 3-3-1

2.羅漢蹲山勢（正蹲樁雙抱拳）

右腳向右挪開，成正蹲樁；雙掌變拳，下落兩胸，左右相抱，拳心皆向上，拳面皆向前。（圖3-3-2）

【技擊含義】蓄勁待發。

3.羅漢開炮勢（右沖拳）

樁型不變；右拳向正前方沖出，拳心向下，拳面向前，臂高同肩；左拳收至左胸。（圖3-3-3）

【技擊含義】用拳向前沖擊敵方要害。

4.羅漢開炮勢（左沖拳）

樁型不變；左拳向正前方沖出，拳心向下，拳面向前，臂高同肩；右拳收至右胸。（圖3-3-4）

【技擊含義】用拳向前沖擊敵方要害。

圖3-3-2   圖3-3-3

5.羅漢開炮勢（右沖拳）

椿型不變；右拳向正前方沖出，拳心向下，拳面向前，臂高同肩；左拳收至左胸。（圖3-3-5）

【技擊含義】用拳向前沖擊敵方要害。

6.羅漢伏魔勢（左轉身左蹲椿）

向左轉身，兩腿變成左蹲椿；雙拳同時提至胸前，拳心皆向裏，拳面皆向上，雙肘適屈。（圖3-3-6）

【技擊含義】擺好戰架，蓄滿勁力，見機即發。

圖3-3-4

圖3-3-5

圖3-3-6

7.羅漢射箭勢（左蹲椿左沖拳）

椿型不變；左拳向正前方沖出，拳心向下，拳面向前，臂高同肩；右拳收至右胸。（圖3-3-7）

【技擊含義】用拳向前快速沖擊敵方要害。

8.羅漢射箭勢（左蹲椿左沖拳）

椿型不變；左拳一收再發，向正前方沖出，拳心向下，拳面向前，臂高同肩；右拳不動（圖3-3-8）

【技擊含義】用拳向前連續快速沖擊。

9.羅漢開炮勢（左弓椿右沖拳）

兩腿變成左弓椿；右拳向正前方沖出，拳心向下，拳面向前，臂高同肩；左拳收至左胸。（圖3-3-9）

【技擊含義】用拳向前猛力沖擊敵方要害。

圖3-3-7

圖3-3-8

10. 羅漢開炮勢（左弓樁左沖拳）

椿型不變；左拳向正前方沖出，拳心向下，拳面向前，臂高同肩；右拳收至右胸。（圖3-3-10）

【技擊含義】用拳向前沖擊敵方要害。

11. 羅漢開炮勢（進步左弓椿右沖拳）

兩腿同時進步，椿型不變；右拳向正前方沖出，拳心向下，拳面向前，臂高同肩；左拳收至左胸。（圖3-3-11）

【技擊含義】用拳向前沖擊敵方要害。

圖3-3-9

圖3-3-10

圖3-3-11

12.羅漢開炮勢（左弓樁左沖拳）

樁型不變；左拳向正前方沖出，拳心向下，拳面向前，臂高同肩；右拳收至右胸。（圖 3-3-12）

【技擊含義】用拳向前沖擊敵方要害。

13.羅漢開炮勢（進步左弓樁右沖拳）

兩腿同時進步，樁型不變；右拳向正前方沖出，拳心向下，拳面向前，臂高同肩；左拳收至左胸。（圖 3-3-13）

【技擊含義】用拳向前沖擊敵方要害。

14.羅漢開炮勢（左弓樁左沖拳）

樁型不變；左拳向正前方沖出，拳心向下，拳面向前，臂高同肩；右拳收至右胸。（圖 3-3-14）

【技擊含義】用拳向前沖擊敵方要害。

圖 3-3-12　　　　　　圖 3-3-13

15. 羅漢開炮勢（進步左弓樁右沖拳）

兩腿同時進步，樁型不變；右拳向正前方沖出，拳心向下，拳面向前，臂高同肩；左拳收至左胸。（圖3-3-15）

【技擊含義】用拳向前沖擊敵方要害。

16. 羅漢開炮勢（左弓樁左沖拳）

樁型不變；左拳向正前方沖出，拳心向下，拳面向前，臂高同肩；右拳收至右胸。（圖3-3-16）

【技擊含義】用拳向前沖擊敵方要害。

圖 3-3-14

圖 3-3-15

圖 3-3-16

17.羅漢雙炮勢（正蹲樁左右雙沖拳）

身體轉正，兩腿變成正蹲樁；右拳向右沖出，拳心向下，拳面向外，臂高同肩；左拳不動。（圖 3-3-17）

【技擊含義】沖擊後方來敵。

18.羅漢蹲山勢（正蹲樁雙抱拳）

樁型不變；雙拳同時收至左右胸側，拳心皆向上，拳面皆向前。（圖 3-3-18）

【技擊含義】蓄勁待發。

19.羅漢開炮勢（正蹲樁雙前沖拳）

樁型不變；雙拳同時向正前方沖出，拳心皆向下，拳面皆向前，臂高皆同肩。（圖 3-3-19）

【技擊含義】雙拳同時向前沖擊敵方。

圖 3-3-17

圖 3-3-18

20.羅漢伏魔勢（右轉身右蹲樁）

向右轉身，兩腿變成右蹲樁；雙拳同時收至胸前，拳心皆向裏，拳面皆向上，雙肘適屈。（圖3-3-20）

【技擊含義】擺好戰架，蓄滿勁力，見機即發。

第二段

1.羅漢射箭勢（右蹲樁右沖拳）

樁型不變；右拳向正前方沖出，拳心向下，拳面向前，臂高同肩；左拳收至左胸。（圖3-3-21）

【技擊含義】用拳向前快速沖擊敵方要害。

圖3-3-19

圖3-3-20

圖3-3-21

2.羅漢開炮勢（右弓樁左沖拳）

椿型不變；左拳向正前方沖出，拳心向下，拳面向前，臂高同肩；右拳收至右胸。（圖 3-3-22）

【技擊含義】用拳向前猛力沖擊敵方要害。

3.羅漢開炮勢（右弓樁右沖拳）

椿型不變；右拳向正前方沖出，拳心向下，拳面向前，臂高同肩；左拳收至左胸。（圖 3-3-23）

【技擊含義】用拳向前沖擊敵方要害。

4.羅漢射箭勢（進步右蹲樁右沖拳）

兩腿同時進步，變成右蹲樁；右拳向正前方沖出，拳心向下，拳面向前，臂高同肩；左拳不動。（圖 3-3-24）

【技擊含義】用拳向前沖擊敵方要害。

圖 3-3-22　　　　　　　　圖 3-3-23

5.羅漢提攔勢（右歇樁右外攔）

兩腿變成右歇樁；右前臂向上提擺，肘節適屈，右拳在上，位高同頭；左拳不動。（圖3-3-25）

【技擊含義】向上攔擋敵方來招。

6.羅漢射箭勢（右歇樁右沖拳）

樁型不變；右拳向正前方沖出，拳心向下，拳面向前，臂高同肩；左拳不動。（圖3-3-26）

【技擊含義】用拳向前快速沖擊敵方要害。

圖3-3-24

圖3-3-25

圖3-3-26

7.羅漢射箭勢（右蹲椿右沖拳）

兩腿變成右蹲椿；右拳向正前方沖出，拳心向下，拳面向前，臂高同肩；左拳不動。（圖3-3-27）

【技擊含義】用拳向前快速沖擊敵方要害。

8.羅漢射箭勢（右弓椿右沖拳）

兩腿變成右弓椿；右拳向正前方沖出，拳心向下，拳面向前，臂高同肩；左拳不動。（圖3-3-28）

【技擊含義】用拳向前快速沖擊敵方要害。

9.羅漢開炮勢（進步右弓椿右沖拳）

兩腿同時進步，椿型不變；右拳向正前方沖出，拳心向下，拳面向前，臂高同肩；左拳不動。（圖3-3-29）

【技擊含義】用拳向前快速沖擊敵方要害。

圖 3-3-27   圖 3-3-28

10. 羅漢開炮勢（左上步左弓椿左沖拳）

左腳前上一步，變成左弓椿；左拳向正前方沖出，拳心向下，拳面向前，臂高同肩；右拳收至右胸。（圖 3-3-30）

【技擊含義】用拳向前猛力沖擊敵方要害。

11. 尖釘子腿勢（右釘腿）

右腿向前彈出，腳面在上，腳尖向前，位高同腹；雙拳協動。（圖 3-3-31）

【技擊含義】彈擊敵方中部要害。

圖 3-3-29

圖 3-3-30

圖 3-3-31

12. 羅漢打夯勢（右夯腳）

右腿下落，腳跟跺地，腳尖向裏；雙拳協動。（圖3-3-32）

【技擊含義】夯擊敵方腳面或腳趾。

13. 羅漢射箭勢（右蹲樁右沖拳）

兩腿變成右蹲樁；右拳向正前方沖出，拳心向下，拳面向前，臂高同肩；左拳收至左胸。（圖3-3-33）

【技擊含義】快速沖擊敵方要害。

14. 羅漢開炮勢（進步右弓樁左沖拳）

兩腿同時進步，變成右弓樁；左拳向正前方沖出，拳心向下，拳面向前，臂高同肩；右拳收至右胸。（圖3-3-34）

【技擊含義】猛力沖擊敵方要害。

圖3-3-32　　　　　　　　圖3-3-33

15.羅漢開炮勢（右弓椿右沖拳）

椿型不變；右拳向正前方沖出，拳心向下，拳面向前，臂高同肩；左拳收至左胸。（圖3-3-35）

【技擊含義】猛力沖擊敵方要害。

16.尖釘子腿勢（右釘腿）

右腿向前彈出，腳面在上，腳尖向前，位高同腹；雙拳協動。（圖3-3-36）

【技擊含義】彈擊敵方中部要害。

圖3-3-34

圖3-3-35

圖3-3-36

17.羅漢射箭勢（右蹲樁右沖拳）

右腿落地，變成右蹲樁；右拳向正前方沖出，拳心向下，拳面向前，臂高同肩；左拳收至左胸。（圖3-3-37）

【技擊含義】快速沖擊敵方要害。

18.老僧弄拐勢（右弓樁右拐肘）

兩腿變成右弓樁；右肘向前裏拐出，前臂向裏全屈，上臂位高同肩；左拳不動。（圖3-3-38）

【技擊含義】拐擊敵方身體或頭部。

19.羅漢射箭勢（右弓樁右沖拳）

樁型不變；右拳向正前方沖出，拳心向下，拳面向前，臂高同肩；左拳不動。（圖3-3-39）

【技擊含義】快速沖擊敵方要害。

圖 3-3-37   圖 3-3-38

20.羅漢伏魔勢（翻身左蹲椿）

向後翻身，兩腿變成左蹲椿；雙拳同時收至胸前，拳心皆向裏，拳面皆向上，雙肘適屈。（圖3-3-40）

【技擊含義】擺好戰架，蓄滿勁力，見機即發。

第三段

1.鐵錘灌耳勢（左弓椿右灌拳）

兩腿變成左弓椿；右拳向前裏灌出，位高同耳，肘節適屈，拳眼在上，拳面向裏；左拳收至左胸。（圖3-3-41）

【技擊含義】向裏勾灌敵方耳門。

圖3-3-39

圖3-3-40

圖3-3-41

2.鐵錘灌耳勢（左弓樁左灌拳）

樁型不變；左拳向前裏灌出，位高同耳，肘節適屈，拳眼在上，拳面向裏；右拳收至右胸。（圖3-3-42）

【技擊含義】向裏勾灌敵方耳門。

3.鐵錘灌耳勢（左弓樁右灌拳）

樁型不變；右拳向前裏灌出，位高同耳，肘節適屈，拳眼在上，拳面向裏；左拳收至左胸。（圖3-3-43）

【技擊含義】向裏勾灌敵方耳門。

4.羅漢開炮勢（左弓樁左沖拳）

樁型不變；左拳向正前方沖出，拳心向下，拳面向前，臂高同肩；右拳收至右胸。（圖3-3-44）

【技擊含義】用拳向前沖擊敵方要害。

圖 3-3-42

圖 3-3-43

5.海底撈月勢（左弓樁右撩陰拳）

樁型不變；右拳向上掏出，肘節適屈，拳心向裏，拳面向上，位高同襠；左拳收至左胸。（圖3-3-45）

【技擊含義】用拳向上撩掏敵方襠部。

6.尖釘子腿勢（右上釘子腿）

右腿向前彈出，腳面在上，腳尖向前，位高同腹；雙拳協動。（圖3-3-46）

【技擊含義】彈擊敵方中部要害。

圖 3-3-44

圖 3-3-45

圖 3-3-46

7. 直搗黃龍勢（右蹲椿右搗肘）

右腿落地，變成右蹲椿；右肘向前搗出，前臂向裏全屈，上臂位高同肩；左拳收至左胸。（圖3-3-47）

【技擊含義】搗擊敵方中上要害。

8. 反面砸錘勢（右弓椿右反面砸拳）

兩腿變成右弓椿；右拳向前上方砸出，肘節稍屈，拳心向裏，拳棱向前，位高同頭；左拳不動。（圖3-3-48）

【技擊含義】砸擊敵方臉門。

9. 海底撈月勢（右弓椿左撩陰拳）

椿型不變；左拳向上掏出，肘節適屈，拳心向裏，拳面向上，位高同襠；右拳收至右胸。（圖3-3-49）

【技擊含義】用拳向上撩掏敵方襠部。

圖3-3-47

圖3-3-48

10.鐵錘灌耳勢（右弓椿右灌耳拳）

椿型不變；右拳向前裏灌出，位高同耳，肘節適屈，拳眼在上，拳面向裏；左拳收至左胸。（圖3-3-50）

【技擊含義】向裏勾灌敵方耳門。

11.羅漢開炮勢（右跪椿左下沖拳）

兩腿變成右跪椿；左拳向正前下方沖出，拳心向下，拳面向前，位高同腹；右拳收至右胸。（圖3-3-51）

【技擊含義】用拳向前下沖擊敵方要害。

圖 3-3-49

圖 3-3-50

圖 3-3-51

12.羅漢開炮勢（右跪椿右下沖拳）

椿型不變；右拳向正前下方沖出，拳心向下，拳面向前，位高同腹；左拳收至左胸。（圖3-3-52）

【技擊含義】用拳向前下方沖擊敵方要害。

13.羅漢鏟草勢（右下鏟）

右腿向下鏟出，位高同脛，膝節伸開，腳腕裏勾，腳棱向前；雙拳協動。（圖3-3-53）

【技擊含義】鏟踢敵方小腿脛骨。

14.羅漢打夯勢（右夯腳）

右腿下落，腳跟跺地，腳尖向裏；雙拳協動。（圖3-3-54）

【技擊含義】夯擊敵方腳面或腳趾。

圖 3-3-52

圖 3-3-53

15.羅漢射箭勢（右蹲椿右沖拳）

兩腿變成右蹲椿；右拳向正前方沖出，拳心向下，拳面向前，臂高同肩；左拳收至左胸。（圖 3-3-55）

【技擊含義】快速沖擊敵方要害。

16.鐵錘灌耳勢（右弓椿左灌拳）

兩腿變成右弓椿；左拳向前裏灌出，位高同耳，肘節適屈，拳眼在上，拳面向裏；右拳收至右胸。（圖 3-3-56）

【技擊含義】向裏勾灌敵方耳門。

圖 3-3-54

圖 3-3-55

圖 3-3-56

17.鐵錘灌耳勢（右弓樁右灌拳）

椿型不變；右拳向前裏灌出，位高同耳，肘節適屈，拳眼在上，拳面向裏；左拳收至左胸。（圖3-3-57）

【技擊含義】向裏勾灌敵方耳門。

18.海底撈月勢（右弓樁左撩拳）

椿型不變；左拳向上掏出，肘節適屈，拳心向裏，拳面向上，位高同襠；右拳收至右胸。（圖3-3-58）

【技擊含義】用拳向上撩掏敵方襠部。

圖 3-3-57

圖 3-3-58

圖 3-3-59

19.海底撈月勢（右弓樁右撩陰）

樁型不變；右拳向上掏出，肘節適屈，拳心向裏，拳面向上，位高同襠；左拳收至左胸。（圖3-3-59）

【技擊含義】用拳向上撩掏敵方襠部。

20.羅漢伏魔勢（翻身左蹲樁）

向後翻身，兩腿變成左蹲樁；雙拳同時收至胸前，拳心皆向裏，拳面皆向上，雙肘適屈。（圖3-3-60）

【技擊含義】擺好戰架，見機即發。

第四段

1.羅漢蹬山勢（右蹬腿）

右腿向前蹬出，腳腕勾起，腳尖向上，腳跟向前，位高同腹；雙拳協動。（圖3-3-61）

【技擊含義】蹬擊敵方中部要害。

圖3-3-60　　　　　　圖3-3-61

2. 羅漢蹬山勢（左蹬腿）

左腿向前蹬出，腳腕勾起，腳尖向上，腳跟向前，位高同腹；雙拳協動。（圖 3-3-62）

【技擊含義】蹬擊敵方中部要害。

3. 羅漢蹬山勢（右蹬腿）

右腿向前蹬出，腳腕勾起，腳尖向上，腳跟向前，位高同腹；雙拳協動。（圖 3-3-63）

【技擊含義】蹬擊敵方中部要害。

4. 羅漢蹬山勢（左蹬腿）

左腿向前蹬出，腳腕勾起，腳尖向上，腳跟向前，位高同腹；雙拳協動。（圖 3-3-64）

【技擊含義】蹬擊敵方中部要害。

圖 3-3-62

圖 3-3-63

5.羅漢蹬山勢（右蹬腿）

右腿向前蹬出，腳腕勾起，腳尖向上，腳跟向前，位高同腹；雙拳協動。（圖3-3-65）

【技擊含義】蹬擊敵方中部要害。

6.羅漢開炮勢（右蹲椿右沖拳）

右腿落地，變成右蹲椿；右拳向正前方沖出，拳心向下，拳面向前，臂高同肩；左拳收至左胸。（圖3-3-66）

【技擊含義】猛力沖擊敵方要害。

圖3-3-64

圖3-3-65

圖3-3-66

7.海底撈月勢（右弓樁左撩拳）

兩腿變成右弓樁；左拳向上掏出，肘節適屈，拳心向裏，拳面向上，位高同襠；右拳收至右胸。（圖3-3-67）

【技擊含義】撩掏敵方襠部。

8.反面砸錘勢（進步右弓樁上反面拳）

兩腿同時進步，樁型不變；右拳向前上方砸出，肘節適屈，拳心向裏，拳棱向前，位高同頭；左拳收至左胸。（圖3-3-68）

【技擊含義】砸擊敵方臉門。

圖 3-3-67　　　　　　　　圖 3-3-68

圖 3-3-69

9.反面砸錘勢（右弓椿下反面拳）

椿型不變；右拳向前下方砸出，肘節適屈，拳心向裏，拳棱向前，位高同襠；左拳不動。（圖 3-3-69）

【技擊含義】砸擊敵方襠部。

10.羅漢踩山勢（左踩腿）

左腿向前踩出，腳腕勾起，腳尖向裏，腳跟向前，位高同腹；雙拳協動。（圖 3-3-70）

【技擊含義】踩擊敵方中部要害

11.羅漢開炮勢（左蹲椿左沖拳）

左腿落地，變成左蹲椿；左拳向正前方沖出，拳心向下，拳面向前，臂高同肩；右拳收至右胸。（圖 3-3-71）

【技擊含義】猛力沖擊敵方要害。

圖 3-3-70

圖 3-3-71

12.鐵錘灌耳勢（左弓樁右灌拳）

兩腿變成左弓樁；右拳向前裏灌出，位高同耳，肘節適屈，拳眼在上，拳面向裏；左拳收至左胸。（圖 3-3-72）

【技擊含義】向裏勾灌敵方耳門。

13.鐵錘灌耳勢（左蹲樁左灌拳）

兩腿變成左蹲樁；左拳向前裏灌出，位高同耳，肘節適屈，拳眼在上，拳面向裏；右拳收至右胸。（圖 3-3-73）

【技擊含義】向裏勾灌敵方耳門。

14.鐵錘灌耳勢（左弓樁右灌拳）

兩腿變成左弓樁；右拳向前裏灌出，位高同耳，肘節適屈，拳眼在上，拳面向裏；左拳收至左胸。（圖 3-3-74）

【技擊含義】向裏勾灌敵方耳門。

圖 3-3-72

圖 3-3-73

15.鐵錘灌耳勢（左蹲椿左灌拳）

兩腿變成左蹲椿；左拳向前裏灌出，位高同耳，肘節適屈，拳眼在上，拳面向裏；右拳收至右胸。（圖3-3-75）

【技擊含義】向裏勾灌敵方耳門。

16.海底撈月勢（左弓椿右撩陰拳）

兩腿變成左弓椿；右拳向上掏出，肘節適屈，拳心向裏，拳面向上，位高同襠；左拳收至左胸。（圖3-3-76）

【技擊含義】撩掏敵方襠部。

圖 3-3-74

圖 3-3-75

圖 3-3-76

17.海底撈月勢（左蹲樁左撩陰拳）

兩腿變成左蹲樁；左拳向上掏出，肘節適屈，拳心向裏，拳面向上，位高同襠；右拳收至右胸。（圖3-3-77）

【技擊含義】撩掏敵方襠部。

18.海底撈月勢（左弓樁右撩陰拳）

兩腿變成左弓樁；右拳向上掏出，肘節適屈，拳心向裏，拳面向上，位高同襠；左拳收至左胸。（圖3-3-78）

【技擊含義】撩掏敵方襠部。

19.直搗黃龍勢（翻身右蹲樁右搗肘）

向後翻身，兩腿變成右蹲樁；右肘向前搗出，前臂向裏全屈，後臂位高同肩；左拳不動。（圖3-3-79）

【技擊含義】搗擊敵方中上要害。

圖 3-3-77

圖 3-3-78

20.羅漢伏魔勢（右蹲樁）

樁型不變；雙拳同時收至胸前，拳心皆向裏，拳面皆向上；雙肘適屈。（圖 3-3-80）

【技擊含義】擺好戰架，見機即發。

第五段

1.羅漢開炮勢（右弓樁左沖拳）

兩腿變成右弓樁；左拳向正前方沖出，拳心向下，拳面向前，臂高同肩；右拳收至右胸。（圖 3-3-81）

【技擊含義】用拳向前沖擊敵方要害。

圖 3-3-79

圖 3-3-80

圖 3-3-81

2.羅漢蹬山勢（左蹬腿）

左腿向前蹬出，腳腕勾起，腳尖向上，腳跟向前，位高同腹；雙拳協動。（圖 3-3-82）

【技擊含義】蹬擊敵方中部要害。

3.羅漢蹬山勢（右蹬腿）

右腿向前蹬出，腳腕勾起，腳尖向上，腳跟向前，位高同腹；雙拳協動。（圖 3-3-83）

【技擊含義】蹬擊敵方中部要害。

4.鐵錘灌耳勢（右蹲椿右灌拳）

兩腿變成右蹲椿；右拳向前裏灌出，位高同耳，肘節適屈，拳眼在上，拳面向裏；左拳收至左胸。（圖 3-3-84）

【技擊含義】向裏勾灌敵方耳門。

圖 3-3-82　　　　　　圖 3-3-83

5.羅漢跺山勢（右跺腿）

右腿向前跺出，腳腕勾起，腳尖向裏，腳跟向前，位高同腹；雙拳協動。（圖3-3-85）

【技擊含義】跺擊敵方中部要害。

6.尖釘子腿勢（左上釘腿）

左腿向前彈出，腳面在上，腳尖向前，位高同腹；雙拳協動。（圖3-3-86）

【技擊含義】彈擊敵方中部要害。

圖3-3-84

圖3-3-85

圖3-3-86

7.羅漢打夯勢（左夯腳）

左腿下落，腳跟跺地，腳尖向裏；雙拳協動。（圖3-3-87）

【技擊含義】夯擊敵方腳面或腳趾。

8.羅漢開炮勢（左蹲樁左沖拳）

兩腿變成左蹲樁；左拳向正前方沖出，拳心向下，拳面向前，臂高同肩；右拳收至右胸。（圖3-3-88）

【技擊含義】猛力沖擊敵方要害。

9.鐵錘灌耳勢（左弓樁右灌拳）

兩腿變成左弓樁；右拳向前裏灌出，位高同耳，肘節適屈，拳眼在上，拳面向裏；左拳收至左胸。（圖3-3-89）

【技擊含義】勾灌敵方耳門。

圖 3-3-87

圖 3-3-88

10.羅漢開炮勢（左弓椿左沖拳）

椿型不變；左拳向正前方沖出，拳心向下，拳面向前，臂高同肩；右拳收至右胸。（圖3-3-90）

【技擊含義】猛力沖擊敵方要害。

11.海底撈月勢（左弓椿右撩陰）

椿型不變；右拳向上掏出，肘節適屈，拳心向裏，拳面向上，位高同襠；左拳收至左胸。（圖3-3-91）

【技擊含義】用拳向上撩掏敵方襠部。

圖 3-3-89

圖 3-3-90

圖 3-3-91

12.羅漢跺山勢（右跺腿）

右腿向前跺出，腳腕勾起，腳尖向裏，腳跟向前，位高同腹；雙拳協動。（圖3-3-92）

【技擊含義】跺擊敵方中部要害。

13.羅漢跺山勢（翻身左跺腿）

向後翻身，左腿向前跺出，腳腕勾起，腳尖向裏，腳跟向前，位高同腹；雙拳協動。（圖3-3-93）

【技擊含義】跺擊敵方中部要害。

14.直搗黃龍勢（左蹲樁左搗肘）

左腳落地，變成左蹲樁；左肘向前搗出，前臂向裏全屈，後臂位高同肩；右拳收至右胸。（圖3-3-94）

【技擊含義】搗擊敵方中上要害。

圖3-3-92 圖3-3-93

15.羅漢射箭勢（左弓樁左沖拳）

兩腿變成左弓樁；左拳向正前方沖出，拳心向下，拳面向前，臂高同肩；右拳不動。（圖3-3-95）

【技擊含義】快速沖擊敵方要害。

16.羅漢射箭勢（進步左弓樁左沖拳）

兩腿同時進步，樁型不變；左拳向正前方沖出，拳心向下，拳面向前，臂高同肩；右拳不動。（圖3-3-96）

【技擊含義】快速沖擊敵方要害。

圖3-3-94　　　　　圖3-3-95

圖3-3-96

17.羅漢開炮勢（左弓樁右沖拳）

椿型不變；右拳向正前方沖出，拳心向下，拳面向前，臂高同肩；左拳收至左胸。（圖 3-3-97）

【技擊含義】猛力沖擊敵方要害。

18.海底撈月勢（左蹲樁左撩陰拳）

兩腿變成左蹲樁；左拳向上掏出，肘節適屈，拳心向裏，拳面向上，位高同襠；右拳收至右胸。（圖 3-3-98）

【技擊含義】撩掏敵方襠部。

19.鐵錘灌耳勢（左弓樁右灌拳）

兩腿變成左弓樁；右拳向前裏灌出，位高同耳，肘節適屈，拳眼在上，拳面向裏；左拳收至左胸。（圖 3-3-99）

【技擊含義】勾灌敵方耳門。

圖 3-3-97　　　　　　　　圖 3-3-98

20.反面砸錘勢（翻身左退步左蹲樁左反面拳）

左腿後退一步，向後翻身，兩腿變成左蹲樁；左拳向前上方砸出，肘節適屈，拳心向裏，拳棱向前，位高同頭；右拳收至右胸。（圖3-3-100）

【技擊含義】翻身砸擊後方敵人臉門。

第六段

1.羅漢射箭勢（進步左弓樁左沖拳）

兩腿進步，變成左弓樁；左拳向正前方沖出，拳心向下，拳面向前，臂高同肩；右拳不動。（圖3-3-101）

【技擊含義】快速沖擊敵方要害。

圖3-3-99

圖3-3-100

圖3-3-101

2.羅漢開炮勢（左弓椿右沖拳）

椿型不變；右拳向正前方沖出，拳心向下，拳面向前，臂高同肩；左拳收至左胸。（圖3-3-102）

【技擊含義】猛力沖擊敵方要害。

3.羅漢蹬山勢（右蹬腿）

右腿向前蹬出，腳腕勾起，腳尖向上，腳跟向前，位高同腹；雙拳協動。（圖3-3-103）

【技擊含義】蹬擊敵方中部要害。

4.羅漢蹬山勢（左蹬腿）

左腿向前蹬出，腳腕勾起，腳尖向上，腳跟向前，位高同腹；雙拳協動。（圖3-3-104）

【技擊含義】蹬擊敵方中部要害。

圖3-3-102

圖3-3-103

5.羅漢射箭勢（左蹲樁左沖拳）

椿型不變；左拳向正前方沖出，拳心向下，拳面向前，臂高同肩；右拳收至右胸。（圖3-3-105）

【技擊含義】快速沖擊敵方要害。

6.羅漢蹬山勢（右蹬腿）

右腿向前蹬出，腳腕勾起，腳尖向上，腳跟向前，位高同腹；雙拳協動。（圖3-3-106）

【技擊含義】蹬擊敵方中部要害。

圖3-3-104

圖3-3-105

圖3-3-106

7.羅漢蹬山勢（左蹬腿）

左腿向前蹬出，腳腕勾起，腳尖向上，腳跟向前，位高同腹；雙拳協動。（圖3-3-107）

【技擊含義】蹬擊敵方中部要害。

8.羅漢雙炮勢（左弓樁雙沖拳）

左腿落地，變成左弓樁；雙拳同時向正前方沖出，拳心皆向下，拳面皆向前，臂高皆同肩。（圖3-3-108）

【技擊含義】雙拳同時沖擊敵方要害。

9.羅漢雙炮勢（進步左弓樁雙沖拳）

兩腿同時進步，樁型不變；雙拳一收再發，向正前方沖出，拳心皆向下，拳面皆向前，臂高皆同肩。（圖3-3-109）

【技擊含義】雙拳同時沖擊敵方要害。

圖 3-3-107　　　　　　　　圖 3-3-108

10. 羅漢蹬山勢（右蹬腿）

右腿向前蹬出，腳腕勾起，腳尖向上，腳跟向前，位高同腹；雙拳協動。（圖3-3-110）

【技擊含義】蹬擊敵方中部要害。

11. 羅漢雙炮勢（右弓樁雙沖拳）

右腿落地，變成右弓樁；雙拳同時向正前方沖出，拳心皆向下，拳面皆向前，臂高皆同肩。（圖3-3-111）

【技擊含義】雙拳同時沖擊敵方要害。

圖3-3-109

圖3-3-110

圖3-3-111

12.羅漢蹬山勢（右蹬腿）

右腿向前蹬出，腳腕勾起，腳尖向上，腳跟向前，位高同腹；雙拳協動。（圖3-3-112）

【技擊含義】蹬擊敵方中部要害。

13.羅漢雙炮勢（右弓樁雙沖拳）

右腿落地，變成右弓樁；雙拳同時向正前方沖出，拳心皆向下，拳面皆向前，臂高皆同肩。（圖3-3-113）

【技擊含義】雙拳同時沖擊敵方要害。

14.反面雙砸勢（右弓樁雙後下反面砸拳）

樁型不變；雙拳同時向身後方砸出，拳心皆向下，拳棱皆向上，雙拳皆在胯後上方。（圖3-3-114）

【技擊含義】雙拳同時砸擊後方敵人小腹或襠部。

圖 3-3-112

圖 3-3-113

15. 雙錘灌耳勢（右弓椿雙灌拳）

椿型不變；雙拳同時向前上灌出，雙肘節適度彎曲，位高皆同耳，拳眼皆在上，拳面皆向裏。（圖3-3-115）

【技擊含義】雙拳同時灌擊敵方左右耳門。

16. 雙手撈月勢（右弓椿雙後反撩陰拳）

椿型不變；雙拳同時向身後方反掏撩出，拳心皆向上，拳面皆向後，雙拳皆在胯後上方。（圖3-3-116）

【技擊含義】雙拳同時撩擊後方敵人小腹或襠部。

圖 3-3-114

圖 3-3-116

圖 3-3-115

17. 反面雙砸勢（右弓椿雙正上反面拳）

椿型不變；雙拳同時向前上方砸出，拳心皆向裏，拳棱皆向前，雙拳位高皆同頭。（圖 3-3-117）
【技擊含義】雙拳同時砸擊敵方臉門。

18. 老僧弄拐勢（左上步左蹲椿左拐肘）

左上一步，兩腿變成左蹲椿；左肘向前拐出，前臂向裏全屈，上臂位高同肩；右拳收至右胸。（圖 3-3-118）
【技擊含義】拐擊敵方中、上部要害。

19. 羅漢開炮勢（左弓椿右沖拳）

兩腿變成左弓椿；右拳向正前方沖出，拳心向下，拳面向前，臂高同肩；左拳收至左胸。（圖 3-3-119）
【技擊含義】猛力沖擊敵方要害。

圖 3-3-117

圖 3-3-118

20.羅漢伏魔勢（翻身右蹲椿）

向後翻身，兩腿變成右蹲椿；雙拳同時收至胸前，拳心皆向裏，拳面皆向上；雙肘適屈。（圖 3-3-120）

【技擊含義】擺好戰架，見機即發。

第七段

1.鐵錘灌耳勢（右蹲椿右灌拳）

椿型不變；右拳向前裏灌出，位高同耳，肘節適屈，拳眼在上，拳面向裏；左拳收至左胸。（圖 3-3-121）

【技擊含義】勾灌敵方耳門。

圖 3-3-119

圖 3-3-120

圖 3-3-121

2.鐵錘灌耳勢（右弓樁左灌拳）

兩腿變成右弓樁；左拳向前裏灌出，位高同耳，肘節適屈，拳眼在上，拳面向裏；右拳收至右胸。（圖 3-3-122）

【技擊含義】勾灌敵方耳門。

3.羅漢蹬山勢（左蹬腿）

左腿向前蹬出，腳腕勾起，腳尖向上，腳跟向前，位高同腹；雙拳協動。（圖 3-3-123）

【技擊含義】蹬擊敵方中部要害。

4.鐵錘灌耳勢（左蹲樁左灌拳）

左腳落地，變成左弓樁；左拳向前裏灌出，位高同耳，肘節適屈，拳眼在上，拳面向裏；右拳收至右胸。（圖 3-3-124）

【技擊含義】勾灌敵方耳門。

圖 3-3-122

圖 3-3-123

5.陰膝絕門勢（右頂膝）

右膝向上頂出，位高同腹，小腿全屈，腳尖下垂；雙拳協動。（圖3-3-125）

【技擊含義】頂擊敵方下門要害。

6.羅漢鏟草勢（右下鏟腿）

右腿向下鏟出，位高同脛，膝節伸開，腳腕裏勾，腳棱向前；雙拳協動。（圖3-3-126）

【技擊含義】鏟踢敵方小腿脛骨。

圖3-3-124

圖3-3-125

圖3-3-126

7.羅漢打夯勢（右夯腳）

右腿下落，腳跟跺地，腳尖向裏；雙拳協動。（圖3-3-127）

【技擊含義】夯擊敵方腳面或腳趾。

8.羅漢射箭勢（右蹲樁右沖拳）

兩腿變成右蹲樁；右拳向正前方沖出，拳心向下，拳面向前，臂高同肩；左拳收至左胸。（圖3-3-128）

【技擊含義】快速沖擊敵方要害。

9.羅漢射箭勢（翻身左蹲樁左沖拳）

向後翻身，兩腿變成左蹲樁；左拳向正前方沖出，拳心向下，拳面向前，臂高同肩；右拳收至右胸。（圖3-3-129）

【技擊含義】快速沖擊敵方要害。

圖 3-3-127

圖 3-3-128

10.羅漢開炮勢（左弓樁右沖拳）

兩腿變成左弓樁；右拳向正前方沖出，拳心向下，拳面向前，臂高同肩；左拳收至左胸。（圖3-3-130）

【技擊含義】猛力沖擊敵方要害。

11.海底撈月勢（左蹲樁左撩陰拳）

兩腿變成左蹲樁；左拳向上掏出，肘節適屈，拳心向裏，拳面向上，位高同襠；右拳收至右胸。（圖3-3-131）

【技擊含義】撩掏敵方襠部。

圖3-3-129

圖3-3-130

圖3-3-131

12.鐵錘灌耳勢（左弓樁右灌拳）

兩腿變成左弓樁；右拳向前裏灌出，位高同耳，肘節適屈，拳眼在上，拳面向裏；左拳收至左胸。（圖3-3-132）

【技擊含義】勾灌敵方耳門。

13.羅漢踩山勢（右踩腿）

右腿向前踩出，腳腕勾起，腳尖向裏，腳跟向前，位高同腹；雙拳協動。（圖3-3-133）

【技擊含義】踩擊敵方中部要害。

14.羅漢提攔勢（翻身左歇樁左外攔）

向後翻身，兩腿變成左歇樁；左前臂向上提擺，肘節彎曲，前臂豎直；左拳在上，位高過頭；右拳收至右胸。（圖3-3-134）

【技擊含義】向外攔擋敵方來招。

圖 3-3-132　　　　　　　　圖 3-3-133

15.羅漢射箭勢（左蹲樁左沖拳）

兩腿變成左蹲樁；左拳向正前方沖出，拳心向下，拳面向前，臂高同肩；右拳不動。（圖3-3-135）

【技擊含義】快速沖擊敵方要害。

16.鐵錘灌耳勢（左弓樁右灌拳）

兩腿變成左弓樁；右拳向前裏灌出，位高同耳，肘節適屈，拳眼在上，拳面向裏；左拳收至左胸。（圖3-3-136）

【技擊含義】勾灌敵方耳門。

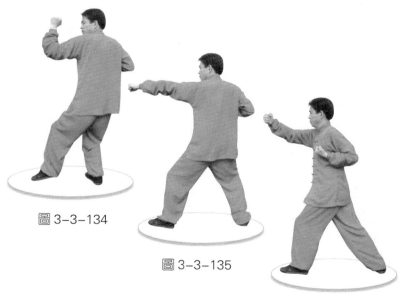

圖 3-3-134

圖 3-3-135

圖 3-3-136

17.反面雙砸勢（右上步正蹲樁左右雙上反面拳）

右腿前上一步，身體轉正，兩腿變成正蹲樁；雙拳同時向左右砸出，拳心皆向裏，掌棱皆向外，位高同頭。（圖3-3-137）

【技擊含義】雙拳左右砸擊兩方來敵臉門。

18.羅漢雙炮勢（正蹲樁正雙沖拳）

樁型不變；同時雙拳向正前方沖出，拳心皆向下，拳面皆向前，臂高皆同肩。（圖3-3-138）

【技擊含義】用拳向前沖擊敵方要害。

19.正立抱拳勢

右腳裏收，與左腳併齊，兩膝伸直變成正立樁；雙拳同時收至左右胸側，拳心皆向上，拳面皆向前。（圖3-3-139）

圖 3-3-137

圖 3-3-138　　　圖 3-3-139

20.四大皆空勢

雙拳變掌，伸臂下垂；周身放鬆，四肢散勁。全套鐵羅漢拳結束。（圖 3-3-140）

第四節　柔羅漢拳

柔羅漢拳，動作以柔緩為主，主要包含舒筋法和擒跌法。

第一段

1.四大皆空勢

身正直立，雙腿併齊，膝節伸直，腳尖外分，即正立椿；雙臂下垂，置於兩腿外側，手為掌型，掌指向下，掌心向內，貼靠腿邊；準備開拳。（圖 3-4-1）

圖 3-3-140

圖 3-4-1

2.雙掌合十勢（正立樁）

椿型不變；雙掌提起，向裏互相合攏，掌指向上，指尖位高同鼻。（圖 3-4-2）

3.雙掌合壓勢（正蹲樁）

右腳向右挪開，成正蹲樁；雙掌緩緩下沉，腕指互相擠壓。（圖 3-4-3）

4.雙掌反壓勢（正蹲樁）

椿型不變；雙掌同時向外翻轉，至掌尖向下時停止，然後雙腕裏挺，雙肘下沉。（圖 3-4-4）

圖 3-4-2

圖 3-4-3

圖 3-4-4

5.合掌前送勢（正蹲樁）

椿型不變；雙掌同時前伸，掌尖向前，雙肘伸直。
（圖 3-4-5）

6.合掌後收勢（正蹲樁）

椿型不變；雙掌同時後收，掌尖向裏，雙肘彎曲。
（圖 3-4-6）

7.雙掌反壓勢（正蹲樁）

椿型不變；雙掌同時向下翻轉，掌尖向下，雙腕裏
挺，雙肘下沉，肘節適屈。（圖 3-4-7）

圖 3-4-5

圖 3-4-6

圖 3-4-7

8. 左右雙推勢（正蹲樁）

椿型不變；雙掌同時向左右推出，掌尖皆向上，掌心皆向外，臂高皆同肩。（圖3-4-8）

9. 雙手後勾勢（正蹲樁）

椿型不變；雙掌變成鉤子手，同時向身後勾出，腕節翻轉，鉤頂皆向下，鉤尖皆向上；位高皆同後腰。（圖3-4-9）

圖 3-4-8

圖 3-4-9

圖 3-4-10

10.雙掌前推勢（正蹲椿）

椿型不變；雙鉤變掌，同時向正前推出，掌尖皆向上，掌心皆向前，臂高皆同肩。（圖3-4-10）

11.左右雙推勢（右獨立椿）

左腿提起，變成右獨立椿；雙掌同時向左右推出，掌尖皆向上，掌心皆向外，臂高皆同肩。（圖3-4-11）

12.左右雙推勢（左弓椿）

左腿向左落地，變成左弓椿；雙掌同時向左右推出，掌尖皆向上，掌心皆向外，臂高皆同肩。（圖3-4-12）

圖 3-4-11

圖 3-4-12

13. 左右雙推勢（右弓樁）

身向右轉，變成右弓樁；雙掌同時向左右推出，掌尖皆向上，掌心皆向外，臂高皆同肩。（圖 3-4-13）

14. 獨立抱掌勢（左獨立樁）

右腿提起，變成左獨立樁；雙掌同時收至左右胸側，掌尖皆向前，掌心皆向上。（圖 3-4-14）

圖 3-4-13

圖 3-4-14

圖 3-4-15

15.右正蹬腿勢

右腿向前蹬出，腳尖向上，腳跟向前；雙掌不動。
（圖 3-4-15）

16.左右雙推勢（右獨立樁）

右腿向前落地，同時左腿提起，變成右獨立樁；同時雙掌左右推出，掌尖皆向上，掌心皆向外，臂高皆同肩。
（圖 3-4-16）

17.左正蹬腿勢

左腿向前蹬出，腳尖向上，腳跟向前；雙掌不動。
（圖 3-4-17）

圖 3-4-16

圖 3-4-17

18. 雙手後勾勢（左弓椿）

左腿向前落地，變成左弓椿；同時雙掌變成鉤子手，向身後勾出，腕節翻轉，鉤頂皆向下，鉤尖皆向上，位高皆同後腰。（圖 3-4-18）

19. 正立抱掌勢（左轉身正立椿）

身體左轉，右腿前提，與左腿併齊，成正立椿；雙鉤變掌，同時收至左右胸側，掌尖皆向前，掌心皆向上。（圖 3-4-19）

圖 3-4-18

圖 3-4-19

圖 3-4-20

20.雙掌封門勢（左歇樁）

身體左轉，兩腿變成左歇樁；雙掌同時提至胸前，雙肘適屈，左掌在前，右掌在後，雙掌掌尖皆向上，掌心皆向裏。（圖3-4-20）

第二段

1.左手推掌勢（左蹲樁）

兩腿變成左蹲樁；左掌向前推出，掌指向上，掌心向前，左臂位高同肩；右掌收至右胸。（圖3-4-21）

2.右手推掌勢（左弓樁）

兩腿變成左弓樁；右掌向前推出，掌指向上，掌心向前，右臂位高同肩；左掌收至左胸。（圖3-4-22）

圖3-4-21

圖3-4-22

3.左手推掌勢（左弓樁）

椿型不變；左掌向前推出，掌指向上，掌心向前；左臂位高同肩；右掌收至右胸。（圖 3-4-23）

4.右手推掌勢（左弓樁）

椿型不變；右掌向前推出，掌指向上，掌心向前，右臂位高同肩；左掌收至左胸。（圖 3-4-24）

5.左手推掌勢（進步左蹲樁）

兩腿同時進步，變成左蹲樁；左掌向前推出，掌指向上，掌心向前，左臂位高同肩；右掌收至右胸。（圖 3-4-25）

圖 3-4-23

圖 3-4-24

圖 3-4-25

6.右手推掌勢（左弓樁）

兩腿變成左弓樁；右掌向前推出，掌指向上，掌心向前，右臂位高同肩；左掌收至左胸。（圖 3-4-26）

7.右正踢腿勢（掌拍）

右腿向前中位正踢，膝節伸開，腳腕勾起，腳尖向上；右掌下拍右腿；左掌協動。（圖 3-4-27）

8.右手推掌勢（右蹲樁）

右腿落地，變成右蹲樁；右掌向前推出，掌指向上，掌心向前，右臂位高同肩；左掌收至左胸。（圖 3-4-28）

圖 3-4-26

圖 3-4-27

圖 3-4-28

9.左手推掌勢（右弓樁）

兩腿變成右弓樁；左掌向前推出，掌指向上，掌心向前，左臂位高同肩；右掌收至右胸。（圖3-4-29）

10.左正踢腿勢（掌拍）

左腿向前中位正踢，膝節伸開，腳腕勾起，腳尖向上；左掌下拍左腿；右掌協動。（圖3-4-30）

11.左手推掌勢（左蹲樁）

左腿落地，變成左蹲樁；左掌向前推出，掌指向上，掌心向前，左臂位高同肩；右掌提至右胸。（圖3-4-31）

圖 3-4-29

圖 3-4-30

13. 左裏踢腿勢（掌拍）

左腿向裏中位掃踢，膝節伸開，腳腕勾起，腳尖向上；右掌裏拍左腿；左掌協動。（圖 3-4-53）

14. 右裏踢腿勢（掌拍）

右腿向裏中位掃踢，膝節伸開，腳腕勾起，腳尖向上；左掌裏拍右腿；右掌協動。（圖 3-4-54）

圖 3-4-52

圖 3-4-53

圖 3-4-54

15.左裏踢腿勢（掌拍）

左腿向裏中位掃踢，膝節伸開，腳腕勾起，腳尖向上；右掌裏拍左腿；左掌協動。（圖3-4-55）

16.左外踢腿勢（掌拍）

左腿向外中位掃踢，膝節伸開，腳腕勾起，腳尖向上；左掌裏拍左腿；右掌協動。（圖3-4-56）

17.右外踢腿勢（掌拍）

右腿向外中位掃踢，膝節伸開，腳腕勾起，腳尖向上；右掌裏拍右腿；左掌協動。（圖3-4-57）

圖 3-4-55

圖 3-4-56

18.左外踢腿勢（掌拍）

左腿向外中位掃踢，膝節伸開，腳腕勾起，腳尖向
上；左掌裏拍左腿；右掌協動。（圖3-4-58）

19.左右雙推勢（左弓樁）

左腿前落，成左弓樁；雙掌左右推出，雙臂位高皆同
肩，掌指皆向上，掌心皆向外。（圖3-4-59）

圖 3-4-57

圖 3-4-58

圖 3-4-59

20.正立抱掌勢（左轉身正立樁）

向左轉身；右腿前提，與左腿併齊，成正立樁；雙掌同時收至左右胸側，掌尖皆向前，掌心皆向上。（圖3-4-60）

第四段

1.左右穿掌勢（正蹲樁正穿掌）

右腳右挪，兩腿變成正蹲樁；雙掌左右正穿而出，雙臂位高皆同肩，掌心皆向下，掌指皆向外。（圖3-4-61）

2.左右穿掌勢（正蹲樁反穿掌）

樁型不變；雙掌左右反穿而出，雙臂位高皆同肩，掌心皆向上，掌指皆向外。（圖3-4-62）

圖 3-4-60

圖 3-4-61

3. 雙手後勾勢（正蹲樁）

椿型不變；雙掌變成鉤子手，同時向身後勾出，腕節翻轉，鉤頂皆向下，鉤尖皆向上，位高皆同後腰。（圖 3-4-63）

4. 雙掌前穿勢（正蹲椿反穿掌）

椿型不變；雙鉤變掌，同時向前反穿而出，雙臂位高皆同肩，掌心皆向上，掌指皆向前。（圖 3-4-64）

圖 3-4-62

圖 3-4-63

圖 3-4-64

5.雙外提攔勢（正蹲椿雙外分臂）

椿型不變；雙臂同時向左右分開，肘節彎曲，前臂豎直；掌部在上，位高同頭。（圖 3-4-65）

6.雙手後勾勢（正蹲椿）

椿型不變；雙掌變成鉤子手，同時向身後勾出，腕節翻轉，鉤頂皆向下，鉤尖皆向上，位高皆同後腰。（圖 3-4-66）

7.左右穿掌勢（正立椿反穿掌）

右腳裏收，兩腿併齊成正立椿；雙掌左右反穿而出，雙臂位高皆同肩，掌心皆向上，掌指皆向外。（圖 3-4-67）

圖 3-4-65

圖 3-4-66

8.左右穿掌勢（正立樁正穿掌）

椿型不變；雙掌一收即轉臂，左右再次正穿而出，雙臂位高皆同肩，掌心皆向下，掌指皆向外。（圖3-4-68）

9.右正踢腿勢（掌拍）

右腿向前中位正踢，膝節伸開，腳腕勾起，腳尖向上；右掌下拍右腿；左掌協動。（圖3-4-69）

圖3-4-67

圖3-4-68

圖3-4-69

10.左正踢腿勢（掌拍）

左腿向前中位正踢，膝節伸開，腳腕勾起，腳尖向上；左掌下拍左腿；右掌協動。（圖 3-4-70）

11.左右雙推勢（左弓樁）

左腿向前落地，變成左弓樁；同時雙掌左右推出，掌尖皆向上，掌心皆向外，臂高皆同肩。（圖 3-4-71）

12.上下雙推勢（後移右弓樁）

身體重心後移，變成右弓樁；同時雙掌上下推出，右掌上推，掌尖向裏，掌心向上；左掌下推，掌尖向裏，掌心向下。（圖 3-4-72）

圖 3-4-70

圖 3-4-71

13. 左右雙推勢（轉身正立樁）

身體左轉變正，左腿後收，與右腿併齊成正立樁；同時雙掌左右推出，掌尖皆向上，掌心皆向外，臂高皆同肩。（圖 3-4-73）

14. 雙掌下推勢（正立樁）

樁型不變；雙掌同時向兩胯外下推出，掌尖皆向前，掌心皆向下。（圖 3-4-74）

圖 3-4-72

圖 3-4-73

圖 3-4-74

15.雙掌前推勢（正立樁）

椿型不變；雙掌同時向正前推出，掌尖皆向上，掌心皆向前，兩臂位高同肩。（圖3-4-75）

16.雙掌後推勢（正立樁）

椿型不變；雙掌同時向身後推出，腕節翻轉，掌心皆向後，掌尖皆向下，位高皆同後腰。（圖3-4-76）

17.雙掌前推勢（正立樁）

椿型不變；雙掌同時向正前推出，掌尖皆向上，掌心皆向前；兩臂位高同肩。（圖3-4-77）

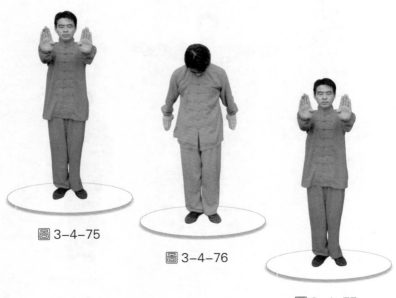

圖 3-4-75

圖 3-4-76

圖 3-4-77

18. 雙外提攔勢（正蹲樁雙外分臂）

右腿右挪，變成正蹲樁；雙臂同時向左右分開，肘節彎曲，前臂豎直，掌部在上，位高同頭。（圖 3-4-78）

19. 正立抱掌勢（正立樁）

右腿裏收，與左腿併齊，成正立樁；雙掌同時收至左右胸側，掌尖皆向前，掌心皆向上。（圖 3-4-79）

20. 雙掌封門勢（左歇樁）

身向左轉，兩腿變成左歇樁；雙掌同時提至胸前，雙肘適屈，左掌在前，右掌在後，雙掌掌尖皆向上，掌心皆向裏。（圖 3-4-80）

圖 3-4-78

圖 3-4-79

圖 3-4-80

第五段

1.五花爪抓勢（左弓樁左抓）

兩腿變成左弓樁；左掌變成五花爪向前抓出，位高同肩，爪心向前，虎口向裏；右掌變成五花爪收至右胸，爪心向上，虎口向外。（圖3-4-81）

注：五花爪即五指內屈，指節分開，形同五花瓣。有關內容在前面章節的「手型」中。以下所有稱「爪」者皆為五花爪。

2.五花爪抓勢（左弓樁右抓）

樁型不變；右爪向前抓出，位高同肩，爪心向前，虎口向裏；左爪收至左胸。（圖3-4-82）

圖 3-4-81

圖 3-4-82

注：以下動作中的收胸爪型，除特殊說明外，皆是爪心向上，虎口向外。

3.五花爪抓勢（左弓椿左抓）

椿型不變；左爪向前抓出，位高同肩，爪心向前，虎口向裏；右爪收至右胸。（圖3-4-83）

4.五花爪抓勢（翻身右弓椿右抓）

向後翻身，兩腿變成右弓椿；右爪向前抓出，位高同肩，爪心向前，虎口向裏；左爪收至左胸。（圖3-4-84）

圖 3-4-83

圖 3-4-84

5. 五花爪抓勢（上步左弓樁左抓）

左腿上步，變成左弓樁；左爪向前抓出，位高同肩，爪心向前，虎口向裏；右爪收至右胸。（圖3-4-85）

6. 五花爪抓勢（上步右弓樁右抓）

右腿上步，變成右弓樁；右爪向前抓出，位高同肩，爪心向前，虎口向裏；左爪收至左胸。（圖3-4-86）

7. 雙爪擒拿勢（上步左蹲樁雙抓）

左腿上步，變成左蹲樁；雙爪同時向前抓出，右爪在上，虎口向上，爪心向裏；左爪在下，虎口向上，爪心向裏。（圖3-4-87）

圖 3-4-85

圖 3-4-86

8.左拆骨轉勢（右蹲椿）

椿型不變；雙爪同時向左外纏擰，右爪在上、在外，虎口向外，爪心向下；左爪在下、在裏，虎口向外，爪心向上。（圖3-4-88）

9.左爪搜陰勢（左跪椿）

重心下沉，兩腿變成左跪椿；左爪向前下抓出，位高同襠，虎口在外，爪心向前；右爪順勢收至右胸，虎口在裏，爪心向前。（圖3-4-89）

圖3-4-87

圖3-4-88

圖3-4-89

10.右爪鎖喉勢（左弓樁）

重心上升，兩腿變成左弓樁；右爪向前上抓出，位高同喉，虎口在上，爪心向前；左爪順勢收至左胸，虎口在裏，爪心向前。（圖3-4-90）

11.右爪拽發勢（轉身右弓樁）

向右後轉身，兩腿變成右弓樁；左爪向前上抓出，位高過頭，虎口在裏，爪心向下；右爪順勢收至右胸。（圖3-4-91）

12.羅漢伏虎勢（右跪樁左下拽爪）

兩腿變成右跪樁；右爪先向前上抓出，虎口在裏，爪心向下；與右爪併齊時，再同時向下拉拽，高在膝前。（圖3-4-92）

圖3-4-90

圖3-4-91

13. 羅漢提攔勢（翻身左歇椿）

向後翻身，兩腿變成左歇椿；左前臂向外提擺，肘節彎曲，前臂豎直，左爪在上，位高同頭；右爪收至右胸。（圖 3-4-93）

14. 五花爪抓勢（左弓椿左抓）

兩腿變成左弓椿；左爪向前抓出，位高同肩，爪心向前，虎口向裏；右爪不動。（圖 3-4-94）

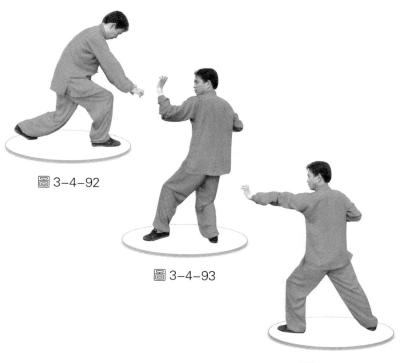

圖 3-4-92

圖 3-4-93

圖 3-4-94

15. 五花爪抓勢（左弓樁右抓）

椿型不變；右爪向前抓出，位高略低於肩，爪心向下，虎口向前；左爪稍收，腕節後挺，虎口向後，爪心向裏。（圖3-4-95）

16. 右拆骨轉勢（後弓樁）

重心後移，變成右弓樁；雙爪同時向右上纏擰，右爪在上，虎口向下，爪心向外；左爪在下，虎口向外，爪心向上。（圖3-4-96）

17. 左拆骨轉勢（左弓樁）

重心前移，兩腿變成左弓樁；雙爪同時向左上纏擰，左爪在上，虎口向外，爪心向上；右爪在下，虎口向外，爪心向裏。（圖3-4-97）

圖 3-4-95

圖 3-4-96

18.左爪搜陰勢（左跪樁）

重心下沉，兩腿變成左跪樁；左爪向前下抓出，位高同襠，虎口在外，爪心向前；右爪順勢收至右胸，虎口在裏，爪心向前。（圖3-4-98）

19.右爪鎖喉勢（右獨立樁）

左腿提起，變成右獨立樁；右爪向前上抓出，位高同喉，虎口在上，爪心向前；左爪順勢收至左胸，虎口在裏，爪心向前。（圖3-4-99）

圖3-4-97

圖3-4-98

圖3-4-99

20. 左右雙推勢（左弓樁）

左腿前落，變成左弓樁；同時雙爪變掌，左右推出，掌尖皆向上，掌心皆向外，臂高皆同肩。（圖3-4-100）

第六段

1. 右正踢腿勢（掌拍）

右腿向前中位正踢，膝節伸開，腳腕勾起，腳尖向上；右掌下拍右腿；左掌協動。（圖3-4-101）

2. 左正踢腿勢（掌拍）

左腿向前中位正踢，膝節伸開，腳腕勾起，腳尖向上；左掌下拍左腿；右掌協動。（圖3-4-102）

圖 3-4-100

圖 3-4-101

3.右正踢腿勢（掌拍）

右腿向前中位正踢，膝節伸開，腳腕勾起，腳尖向上；右掌下拍右腿；左掌協動。（圖3-4-103）

4.左正踢腿勢（掌拍）

左腿向前中位正踢，膝節伸開，腳腕勾起，腳尖向上；左掌下拍左腿；右掌協動。（圖3-4-104）

圖3-4-102

圖3-4-103

圖3-4-104

5.右裏踢腿勢（掌拍）

右腿向裏中位掃踢，膝節伸開，腳腕勾起，腳尖向上；左掌裏拍右腿；右掌協動。（圖3-4-105）

6.左裏踢腿勢（掌拍）

左腿向裏中位掃踢，膝節伸開，腳腕勾起，腳尖向上；右掌裏拍左腿；左掌協動。（圖3-4-106）

7.右裏踢腿勢（掌拍）

右腿向裏中位掃踢，膝節伸開，腳腕勾起，腳尖向上；左掌裏拍右腿；右掌協動。（圖3-4-107）

圖 3-4-105

圖 3-4-106

8.左裏踢腿勢（掌拍）

左腿向裏中位掃踢，膝節伸開，腳腕勾起，腳尖向上；右掌裏拍左腿；左掌協動。（圖3-4-108）

9.右外踢腿勢（掌拍）

右腿向外中位掃踢，膝節伸開，腳腕勾起，腳尖向上；右掌裏拍右腿；左掌協動。（圖3-4-109）

圖 3-4-107

圖 3-4-108

圖 3-4-109

10. 左外踢腿勢（掌拍）

左腿向外中位掃踢，膝節伸開，腳腕勾起，腳尖向上；左掌裏拍左腿；右掌協動。（圖3-4-110）

11. 右外踢腿勢（掌拍）

右腿向外中位掃踢，膝節伸開，腳腕勾起，腳尖向上；右掌裏拍右腿；左掌協動。（圖3-4-111）

圖 3-4-110

圖 3-4-111

圖 3-4-112

12.左外踢腿勢（掌拍）

左腿向外中位掃踢，膝節伸開，腳腕勾起，腳尖向上；左掌裏拍左腿；右掌協動。（圖 3-4-112）

13.左側踢腿勢（側身）

向右側身，左腿外踢一落，再出中位側踢，膝節伸開，腳腕勾起，腳尖向裏；左掌下拍左腿；右掌協動。（圖 3-4-113）

14.右側踢腿勢（翻身）

向左翻身，同時右腿向右中位側踢，膝節伸開，腳腕勾起，腳尖向裏；右掌下拍右腿；左掌協動。（圖 3-4-114）

圖 3-4-113　　　　圖 3-4-114

15.左側踢腿勢（翻身）

向右翻身，同時左腿向左中位側踢，膝節伸開，腳腕勾起，腳尖向裏；左掌下拍左腿；右掌協動。（圖3-4-115）

16.右側踢腿勢（翻身）

向左翻身，同時右腿向右中位側踢，膝節伸開，腳腕勾起，腳尖向裏；右掌下拍右腿；左掌協動。（圖3-4-116）

17.左側踢腿勢（翻身）

向右翻身，同時左腿向左中位側踢，膝節伸開，腳腕勾起，腳尖向裏；左掌下拍左腿；右掌協動。（圖3-4-117）

18.左右雙推勢（正蹲樁）

左腿下落，身體轉正，成正蹲樁；雙掌左右推出，雙

圖3-4-115　　　　　　　圖3-4-116

臂位高皆同肩，掌指皆向上，掌心皆向外。（圖 3-4-118）

19.正立抱掌勢（正立樁）

右腿裏收，與左腿併齊，成正立樁；雙掌同時收至左右胸側，掌尖皆向前，掌心皆向上。（圖 3-4-119）

圖 3-4-117

圖 3-4-118

圖 3-4-119

20.雙掌封門勢（左轉身左退步右歇樁）

向左轉身，左腿後退一步，兩腿變成右歇樁；雙掌同時提至胸前，雙肘適屈，右掌在前，左掌在後，雙掌掌尖皆向上，掌心皆向裏。（圖 3-4-120）

第七段

1.右手推掌勢（右弓樁）

兩腿變成右弓樁；右掌向前推出，掌指向上，掌心向前，右臂位高同肩；左掌收至左胸。（圖 3-4-121）

2.五花爪纏勢（右蹲樁右纏）

兩腿變成右蹲樁；右掌變爪原位向外纏出，至爪心向裏、虎口向前時停止；左掌不動。（圖 3-4-122）

圖 3-4-120

圖 3-4-121

3.左手推掌勢（翻身左弓椿）

向後翻身，變成左弓椿；左掌向前推出，掌指向上，掌心向前，左臂位高同肩；右爪收至右胸。（圖 3-4-123）

4.五花爪纏勢（左蹲椿左纏）

兩腿變成左蹲椿；左掌變爪原位向外纏出，至爪心向裏、虎口向前時停止；右爪不動。（圖 3-4-124）

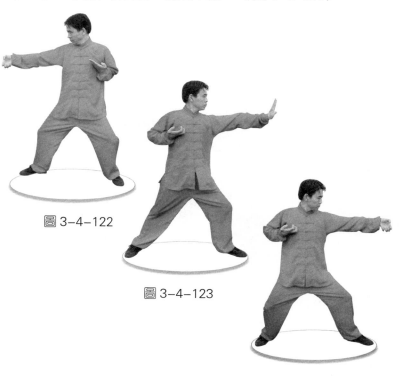

圖 3-4-122

圖 3-4-123

圖 3-4-124

5.右手推掌勢（左弓樁）

兩腿變成左弓樁；右爪變掌向前推出，掌指向上，掌心向前，右臂位高同肩；左爪收至左胸。（圖3-4-125）

6.左手推掌勢（左弓樁）

樁型不變；左爪變掌向前推出，掌指向上，掌心向前，左臂位高同肩；右掌收至右胸。（圖3-4-126）

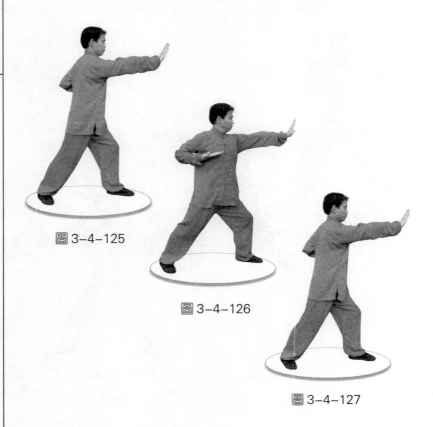

圖3-4-125

圖3-4-126

圖3-4-127

7.右手推掌勢（左弓樁）

樁型不變；右掌向前推出，掌指向上，掌心向前，右臂位高同肩；左掌收至左胸。（圖3-4-127）

8.五花爪纏勢（左弓樁左纏）

樁型不變；左掌變爪前伸並向外纏出，至爪心向裏、虎口向前時停止；右掌收至右胸。（圖3-4-128）

9.右手推掌勢（翻身右弓樁）

向後翻身，變成右弓樁；右掌向前推出，掌指向上，掌心向前，右臂位高同肩；左爪收至左胸。（圖3-4-129）

圖 3-4-128

圖 3-4-129

10. 五花爪纏勢（右弓椿右纏）

椿型不變；右掌變爪前伸並向外纏出，至爪心向裏、虎口向前時停止；左爪不動。（圖 3-4-130）

11. 右手推掌勢（右弓椿）

椿型不變；右掌向前推出，掌指向上，掌心向前，右臂位高同肩；左爪不動。（圖 3-4-131）

12. 左手推掌勢（右弓椿）

椿型不變；左爪變掌向前推出，掌指向上，掌心向前，左臂位高同肩；右掌收至右胸。（圖 3-4-132）

圖 3-4-130

圖 3-4-131

13. 右手推掌勢（右弓椿）

椿型不變；右掌向前推出，掌指向上，掌心向前，右臂位高同肩；左掌收至左胸。（圖 3-4-133）

14. 獨立抱掌勢（右獨立椿）

左腿上提，成獨立椿；右掌收至右胸；左掌不動，雙掌掌尖皆向前，掌心皆向上。（圖 3-4-134）

圖 3-4-132

圖 3-4-133

圖 3-4-134

15.左正蹬腿勢

左腿向前蹬出，腳尖向上，腳跟向前；雙掌不動。（圖 3-4-135）

16.雙掌前推勢（左弓樁）

左腿前落，變成左弓樁；同時雙掌向前推出，掌尖皆向上，掌心皆向外，臂高皆同肩。（圖 3-4-136）

圖 3-4-135

圖 3-4-136

17.左右穿掌勢（右上步正蹲椿反穿掌）

右腿前上一步，身體轉正，變成正蹲椿；雙掌一收即轉臂，再向左右反穿而出，雙臂位高皆同肩，掌心皆向上，掌指皆向外。（圖3-4-137）

18.雙手後勾勢（正蹲椿）

椿型不變；同時雙掌變成鉤子手，向身後勾出，腕節翻轉，鉤頂皆向下，鉤尖皆向上，位高皆同後腰。（圖3-4-138）

圖3-4-137

圖3-4-138

19.正立抱掌勢（正立椿）

右腿裏收，與左腿併齊，成正立椿；雙鉤變掌，同時收至左右胸側，掌尖皆向前，掌心皆向上。（圖 3-4-139）

20.四大皆空勢（收勢）

椿型不變；雙掌伸臂下垂；四肢放鬆散勁。全套柔羅漢拳結束。（圖 3-4-140）

圖 3-4-139

圖 3-4-140

第 **4** 章

羅漢功夫

羅漢拳以功夫為根，主要分「羅漢蹲山功」和「羅漢排山功」兩大功種。另外再加「舒筋活血功」的輔助。

第一節　舒筋活血功

在練功之前或收功之後，常要加練舒筋活血功。

一、揉手功

用一手握住另一手，揉搓搬拿，增強雙手韌勁。

二、折腰功

身體首先站直，然後上身後仰、前躬、側扭、轉撐，柔軟和靈活腰節。

三、壓腿功

兩腿先成弓形樁或後撤樁，然後再大幅下壓，以拉拽雙腿腿筋的韌勁。

四、拍打功

用手掌或手指輕輕拍擊或敲擊全身各部，能提神增氣，激發內勁。

五、散步功

全身放鬆，緩緩長走，活動筋骨，舒血順氣。

第二節　羅漢蹲山功

一、練　法

雙掌合十，掌心相對，掌指向上，雙臂前撐，置於胸前；雙膝彎曲，成正勢羅漢蹲山椿；頭正腰直，雙目睜開，平視前方；穩重安定，精神集中，意守丹田；用鼻呼吸，舒順自然。（圖4-1、圖4-2）

圖4-1

圖4-2

二、要　點

1.練功時要專心致志，不要胡思亂想，意念要守住丹田。丹田即小腹，意守下腹即可。但不要死守，以「勿忘勿助、似守非守」為秘竅。

2.呼吸要自然，不要強加控制，要由自身自行調節，這樣就不出偏差。初練時功力差，難以適應，必然出現呼吸急促的現象，久則自平。

3.膝節彎曲度要由高到低，漸適漸變，不要一開始就練低勢。

4.練功時間要由短到長，量力而行，循序漸進，如果盲目加時，導致身體過度疲勞，不但無益長功，反而易引起內傷。

三、功　效

1.精力充沛，氣勁大增；
2.椿步穩定，落地生根；
3.目光明亮，睞睞可畏。

第三節　羅漢排山功

練羅漢蹲山功一段時間後，自覺渾身有力，氣、勁大增，便可開始練羅漢排山功。

一、練功工具

武功中的排打功共分兩類。一是外排功，利用硬物打擊身體，單純受力，求得抗打功夫；一是排外功，用身體各部打擊外部硬物，主動練得硬功夫。排外功和外排功相比，主要優點是極其切合技擊實戰，既增大了抗打功夫，又增強了攻擊力量，內外雙修，攻防兼備，一舉兩得。

羅漢排山功即是排打功中的排外功，包括排軟功、排硬功。其練功工具十分簡易。排軟功主要配備大沙袋，懸掛練功；排硬功主要選擇樹木和牆壁。

二、練 法

羅漢排山功的排法主要有頭排、肩排、胯排、肘排、膝排、腳排、趾排、掌排、拳排、指排、腕排、爪排（圖4-3～圖4-13）。

圖 4-3 　　　　　　　　　圖 4-4

圖 4－5

圖 4－6

圖 4－7

圖 4－8

圖 4-9

圖 4-10

圖 4-11

圖 4-12

圖 4-13

三、要　點

1.妙興大師曾說過「羅漢真功，隨地即練」，不必過分講究練功工具。

2.要因地制宜。排物的不同，要用不同的練形。

3.要由軟到硬。初練時，以沙袋為主，不可急於排硬。

4.排打發力，要由輕到重。初練時先不要發全力，一要注意過度發力時自身的適應度，二要注意工具對勁節的衝撞。

5.由少到多。先練一種部位，漸漸排滿全身，排打次數要漸增，而不要驟增。

6.要抖擻精神，不能鬆鬆垮垮，否則不但練不出功夫，還容易受傷。

7.要注意發力要領，不要專為打硬，形成錯誤的動作

定形。蓄力時吸氣，發勁時呼氣，並且周身要協調，力量要完備整重。

8.要有實戰意識，把練功工具當成敵方對之猛擊，這樣在長功夫的同時，還能提高技擊水準，一舉兩得。

四、功　效

1.周身不懼打；
2.處處能打人。